Echnaton · Sonnenhymnen

Büste des Echnaton. Aus dem Tempel des Amenophis IV. Echnaton in Karnak, Sandstein, Höhe: 135 cm, um 1350 v. Chr. – Louvre, Département des Antiquités égyptiennes.

Echnaton
Sonnenhymnen

Ägyptisch / Deutsch

Übersetzt und herausgegeben
von Christian Bayer

Reclam

RECLAMS UNIVERSAL-BIBLIOTHEK Nr. 18492
2007 Philipp Reclam jun. GmbH & Co. KG,
Siemensstraße 32, 71254 Ditzingen
info@reclam.de
Druck und Bindung: Elanders Waiblingen GmbH,
Anton-Schmidt-Straße 15, 71332 Waiblingen
Printed in Germany 2025
RECLAM, UNIVERSAL-BIBLIOTHEK und
RECLAMS UNIVERSAL-BIBLIOTHEK sind eingetragene Marken
der Philipp Reclam jun. GmbH & Co. KG, Stuttgart
ISBN 978-3-15-018492-9
reclam.de

Inhalt

Der Große Sonnenhymnus

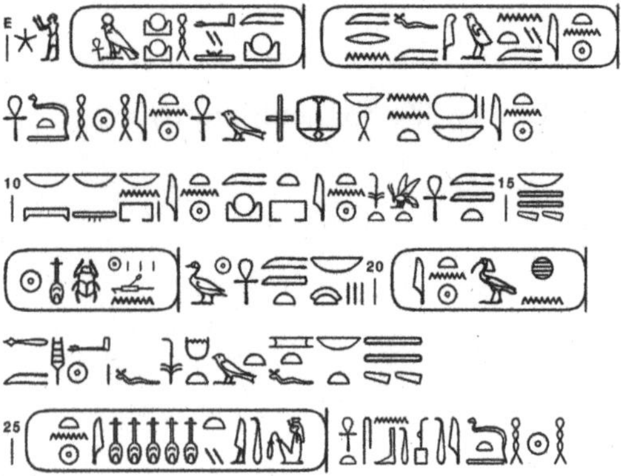

[E] Lobpreisen des

Re-Harachte,
der im Horizont jubelt
in seiner Eigenschaft als Licht,
das in der Sonne ist,
er möge leben immer und ewig,
Lebende Sonne,
Großer beim Sed-Fest,
Herr all dessen, was die Sonne umkreist,
Herr des Himmels, Herr der Erde,
Herr des Per-Iten(-Tempels) in Achet-Iten

⟨seitens des⟩
Königs von Ober- und Unterägypten,
der von Ma'at lebt,
Herr Beider Länder
Re ist vollkommen an Erscheinungsformen,
der Einzige des Re,
Sohn des Re, der von Ma'at lebt,
Herr der Kronen
Der dem Sonnengott dienlich ist,
dessen Lebenszeit lange währt,

⟨und seitens der⟩
Großen Königsgemahlin, die er liebt,
Herrin Beider Länder
Der Sonnengott ist vollkommen an Schönheit,
die Schöne ist gekommen,
sie möge leben, gesund und jung sein immer und ewig.

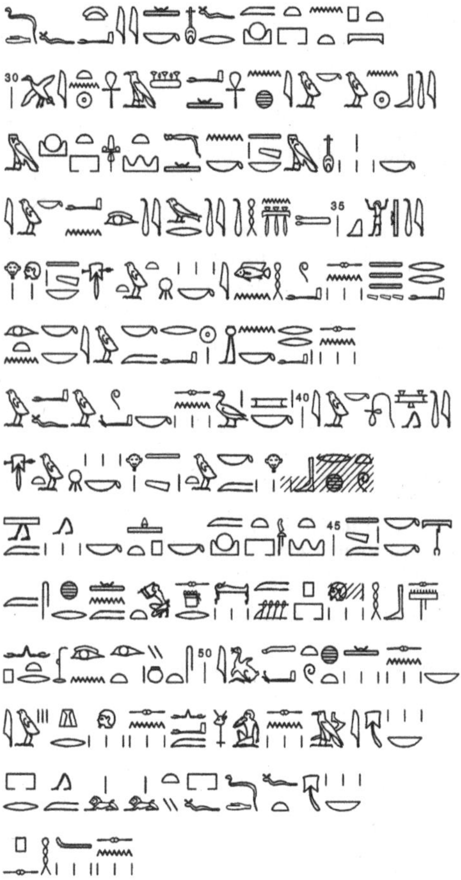

Er sagt:

Du erscheinst vollkommen am Horizont des Himmels,
O lebender Sonnengott, der das Leben bestimmt!
Bist du aufgegangen am Osthorizont
hast du jedes Land mit deiner Schönheit erfüllt!
Du bist wunderschön,
du bist groß und glänzend
hoch über allem Land!

Deine Strahlen, sie umfangen die Länder
bis zum Ende von allem, was du geschaffen hast;
du bist Re, wenn du bis an ihr Ende dringst,
wenn du sie niederzwingst ⟨für⟩ deinen geliebten Sohn.
Du bist fern,
doch deine Strahlen sind auf der Erde;
du bist im Blickfeld,
deinen Lauf aber kann man dennoch nicht kennen.

*

Gehst du unter am Westhorizont,
ist das Land in Finsternis,
im Zustand des Todes.

Die Schlafenden sind in der Kammer,
die Häupter (von Dunkelheit) verhüllt,
nicht ein Auge kann das andere erblicken.
Raubt man all ihre Habe,
die unter ihren Köpfen ist,
bemerken sie es nicht.

Jeder Löwe ist aus seiner Höhle gekommen
und alles Gewürm, es beißt und sticht.

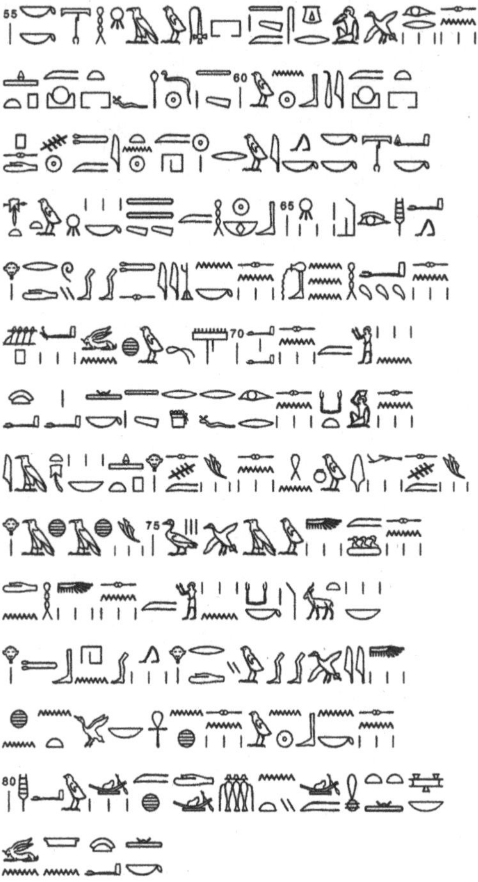

Finster ist die Feuerstelle,
das Land liegt in Schweigen,
solange derjenige, der sie erschaffen hat,
untergegangen ist an seinem Horizont.

*

Am Morgen aber
sobald du aufgegangen bist am Horizont
und als Sonne am Tage leuchtest,
vertreibst du die Finsternis
und sendest deine Strahlen aus!

Die Beiden Länder sind im Fest,
das Sonnenvolk ist erwacht
und steht auf den Beinen,
nachdem du sie aufgerichtet hast.
Ihre Körper sind gereinigt
und die Festkleider angelegt,
wenn ihre Arme Lobpreis geben
bei deinem Erscheinen.
Im ganzen Land verrichten sie nun ihre Arbeit.

Alles Vieh ist zufrieden mit seinem Futter,
Bäume und Gräser gedeihen;
die Vögel sind aus ihren Nestern aufgeflogen,
ihre Flügel sind Lobpreis für deinen Ka!
Alles Wild springt umher auf den Beinen,
alles, was fliegt und flattert, lebt,
nachdem du ⟨für⟩ sie aufgegangen bist.

Schiffe fahren stromab und stromauf gleichermaßen,
denn alle Wege sind offen bei deinem Erscheinen.

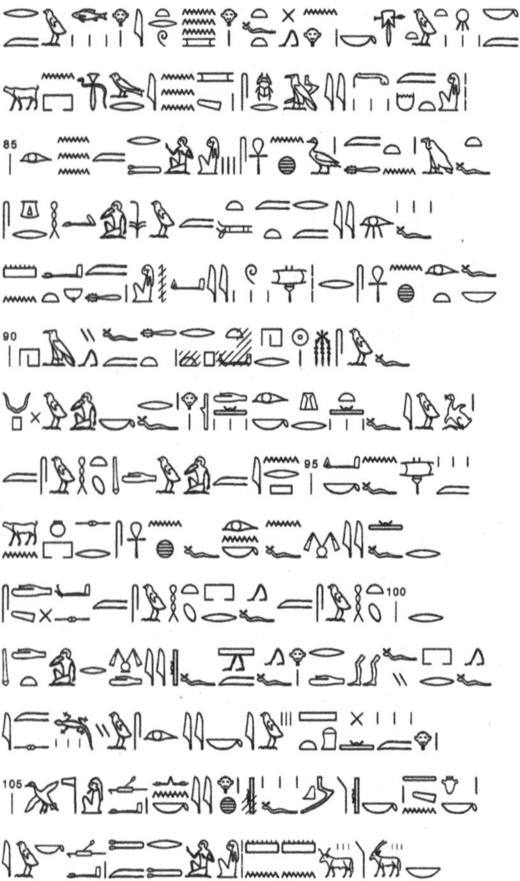

Die Fische im Strom schnellen umher vor deinem Antlitz,
denn deine Strahlen reichen bis ins Innere des Meeres.

*

(Du) lässt Foeten in den Frauen entstehen,
indem (du) ›Wasser‹ zu Menschen machst;
(du) belebst den Sohn im Leib seiner Mutter,
(du) beruhigst ihn mit dem, was seine Tränen stillt:
Amme im Mutterleib! Atem-Spender,
der alles, was er geschaffen hat, belebt!
Wenn er (= Sohn) herabkommt aus dem Leib,
um zu atmen am Tag seiner Geburt,
dann öffnest du seinen Mund ganz und gar
und sorgst für seine Bedürfnisse.

Das Küken im Ei piepst bereits durch die Schale,
weil du ihm Luft darin gibst,
um es leben zu lassen;
nachdem du seinen Zeitpunkt bestimmt hast,
durch das Ei zu brechen,
kommt es heraus aus dem Ei,
um sogleich zu piepsen
und auf seinen Beinen zu laufen,
sobald es aus ihm (= Ei) herauskommt.

Wie zahlreich ist doch, was du schaffst,
auch wenn es dem Blickfeld verborgen bleibt!
O alleiniger Gott,
von dessen Art es keinen anderen gibt!
Du erschaffst die Erde nach deinem Wunsch,
und zwar ganz allein, mit allen Menschen,
mit allem Vieh und Wild,

die auf der Erde sind und auf Beinen laufen
oder sich erheben und mit ihren Flügeln fliegen.

Selbst in den Fremdländern Syrien und Nubien,
die zu Ägypten gehören,
setzt du jeden Mann an seinen Platz
und sorgst für seinen Unterhalt:
Jeder einzelne hat seinen Teil Nahrung,
und ⟨du⟩ berechnest seine Lebenszeit.
Die Zungen sind verschieden im Sprechen,
ebenso wie ihre (= der Fremdlandbewohner) Wesensart,
und auch ihre Hautfarbe ist unterschiedlich,
weil du so die Fremdlandbewohner unterscheidest.

*

Du schaffst den Nil in der Tiefe
und bringst von ihm hervor, so viel du willst,
um die Untertanen leben zu lassen,
ganz so, wie du sie geschaffen hast.
Du bist ihrer aller Herr,
der sich mit ihnen abmüht;
O Herr aller Länder,
der für sie aufgeht!
O Sonne des Tages,
erhaben an Majestät!

Sogar alle Fremdlandbewohner, die fern sind,
erhältst du am Leben,
denn du hast einen Nil an den Himmel gesetzt,
damit er zu ihnen herabfällt,
damit er auf den Bergen Wellen schlägt wie das Meer,
um ihre Felder zu bewässern, indem (er) sie berührt.

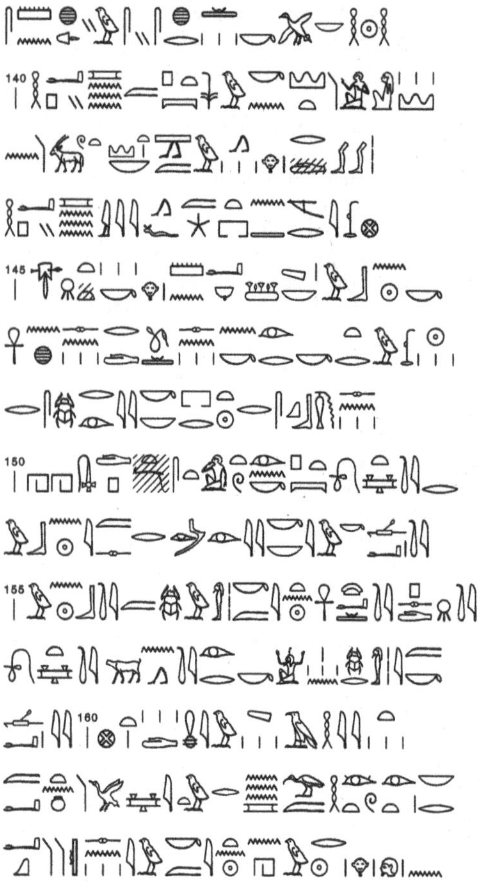

Wie ausgezeichnet sind doch deine Pläne,
O Herr der Ewigkeit!
Denn der Nil am Himmel,
er ist gedacht für die Fremdlandbewohner,
für alles Gebirgswild, das auf Beinen läuft;
der Nil aber, der aus der Tiefe hervorkommt,
(er ist gedacht) für das Land Ägypten.

Deine Strahlen säugen alle Pflanzen,
gehst du auf, leben sie und wachsen für dich.
Du bewirkst die Jahreszeiten,
um all dein Geschaffenes entstehen zu lassen;
die Winterzeit, damit sie sich kühlen,
die Sommerhitze, ⟨damit⟩ sie dich spüren.

*

Du hast den fernen Himmel geschaffen,
um an ihm aufzugehen,
um all dein Geschaffenes zu sehen.
Du bist einzig,
wenn du aufgegangen bist
   in deiner Gestalt als lebende Sonne:
erschienen und leuchtend,
entfernt und nah (zugleich) bist du dann.

Du schaffst Millionen von Gestalten aus dir allein:
Städte, Dörfer und Felder, Straßen und Flüsse.
Alle Augen können dich betrachten,
und zwar ganz genau, (?)
wenn du als Sonne des Tages über ihnen (?) bist.

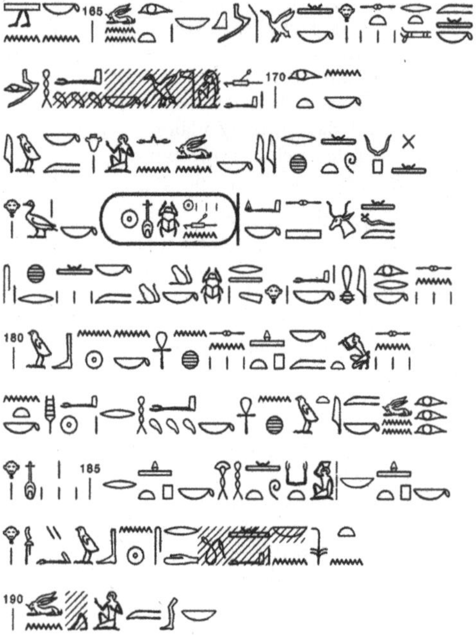

Du hast dich in Bewegung gesetzt
für die Existenz (?) eines jeden Auges;
du erschaffst ihr (= der Augen) Blickfeld,
so dass du vollkommen machst (?)
den Anblick [deines Leibes]. (?)

*

O alleiniger [Gott],
⟨mein⟩ Handeln geschieht für dich,
denn du bist in meinem Herzen!
Es gibt keinen anderen, der dich kennt
außer deinem Sohn
Re ist vollkommen an Erscheinungsformen,
der Einzige des Re,
den du über deine Absichten
und über deine Macht im Klaren sein lässt.

Die Erde entsteht unter deiner Hand,
genau so, wie du sie (= Geschöpfe) erzeugst.
Nachdem du aufgegangen bist, leben sie;
gehst du unter, sterben sie.
Du bist die Lebenszeit selbst,
weil man durch dich lebt.

Die Augen existieren wegen ⟨deiner⟩ Schönheit
bis du untergehst;
jede Arbeit wird stehen gelassen,
wenn du untergehst auf der Westseite.
⟨Dein⟩ Aufgehen aber
stärkt [jeden Arm] für den König,
und Eile ist in jedem Bein.

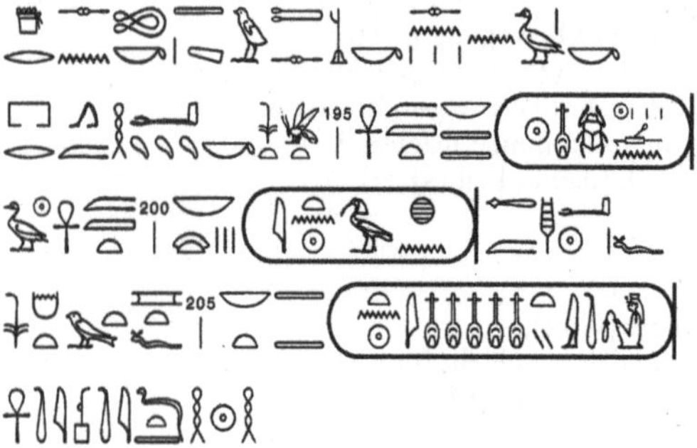

Seitdem du die Erde gegründet hast
erhebst du sie (= Geschöpfe) für deinen Sohn,
der aus deinem Leib gekommen ist,
den König von Ober- und Unterägypten,
der von Ma'at lebt,
Herr Beider Länder
Re ist vollkommen an Erscheinungsformen,
der Einzige des Re,
den Sohn des Re, der von Ma'at lebt,
den Herrn der Kronen
Der dem Sonnengott dienlich ist,
dessen Lebenszeit lange währt,
(und für)
die Große Königsgemahlin, die er liebt,
Herrin Beider Länder
Der Sonnengott ist vollkommen an Schönheit,
die Schöne ist gekommen,
sie möge leben und jung sein immer und ewig.

Der Kleine Sonnenhymnus

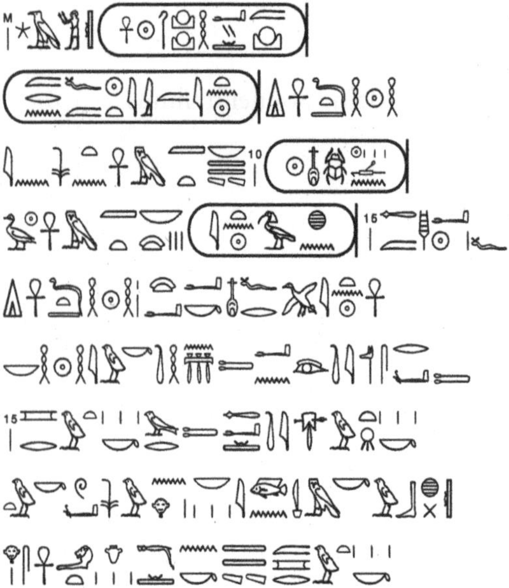

[M] Lobpreisen des

Re, des Herrschers beider Horizonte,
der im Horizont jubelt
in seiner Eigenschaft als Strahlkraft (?),
die aus der Sonne kommt (?),
dem Leben gegeben ist immer und ewig

seitens des
Königs, der von Ma'at lebt,
Herr Beider Länder
Re ist vollkommen an Erscheinungsformen,
der Einzige des Re,
Sohn des Re, der von Ma'at lebt,
Herr der Kronen
Der dem Sonnengott dienlich ist,
dessen Lebenszeit lange währt,
dem Leben gegeben ist immer und ewig.

*

[I] Dein Erscheinen ist vollkommen,
O lebender Sonnengott, Herr der Ewigkeit!
Du bist strahlend, wunderschön und mächtig,
deine Liebe ist groß und gewaltig!

Deine Strahlen, du sendest sie zu jedem Gesicht,
und dein leuchtendes Äußeres lässt die Herzen leben,
wenn du die Beiden Länder mit deiner Liebe erfüllt hast!

*

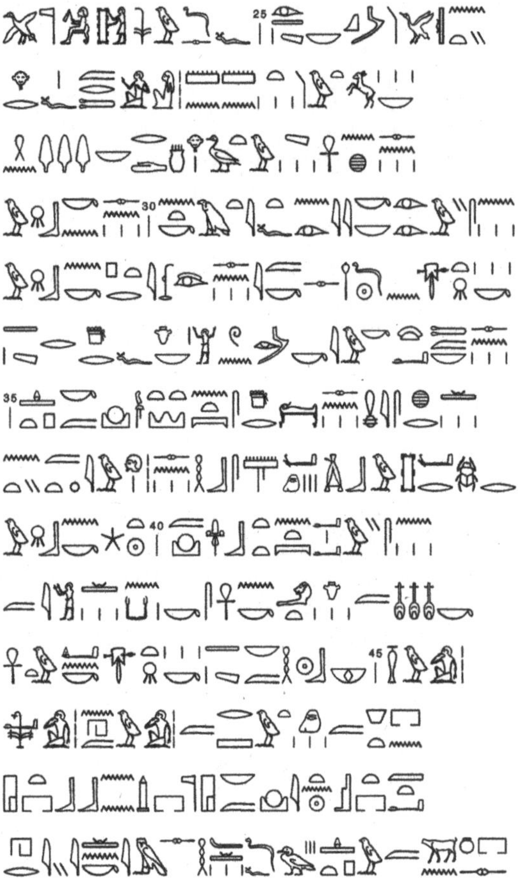

O erhabener Gott, der sich selbst formte,
der jedes Land erzeugt
und erschafft, was auf ihm ist:
die Menschen mit allem Vieh und Wild,
dazu alle Bäume, die auf der Erde wachsen.
Sie leben, sobald du für sie aufgehst;
du bist Mutter und Vater für all dein Geschaffenes!

Ihre Augen – gehst du auf, sehen sie durch dich,
weil deine Strahlen das ganze Land erhellt haben.
Alle Herzen jubeln bei deinem Anblick,
denn du bist als ihr Herr erschienen!

*

Gehst du unter am westlichen Horizont des Himmels,
schlafen sie wie im Zustand, der dem Tod gleicht;
ihre Häupter sind (von Dunkelheit) verhüllt,
die Nasen sind verstopft,
bis dein morgendliches Aufgehen geschieht
am östlichen Horizont des Himmels.

*

Nun geben ihre Arme Lobpreis für deinen Ka,
da du die Herzen mit deiner Schönheit belebt hast;
man lebt, sobald du deine Strahlen ausgesendet hast!
Jedes Land ist jetzt im Fest,
Sänger und Musikanten, sie jauchzen vor Freude
in der Vorhalle des Hut-Benben
und allen Tempeln in Achet-Iten,
jener Stätte der Ma'at, an der du zufrieden sein mögest,
da Nahrung und Speise (als) Opfergaben in ihr sind.

*

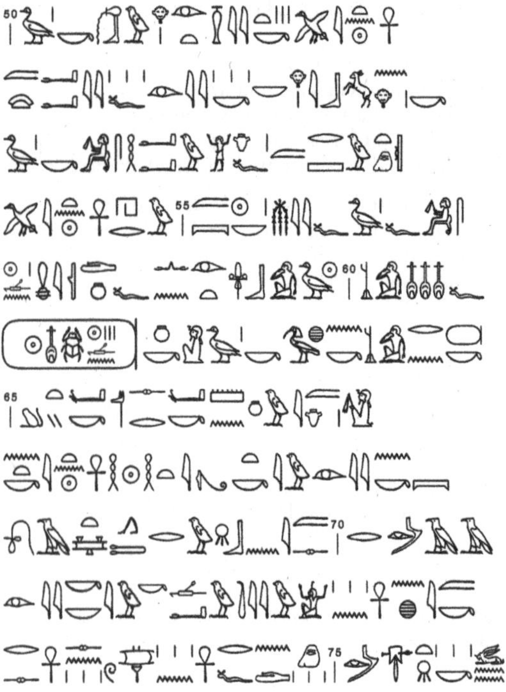

Dein makelloser Sohn, er bewirkt deine Gunst,
O lebender Sonnengott, bei dessen Erscheinen
all dein Geschaffenes vor deinem Antlitz tanzt!
Dein erhabener Sohn, sein Herz jubelt vor Freude,
O lebender Sonnengott, der zufrieden ist
am Himmel jeden Tag!

Möge er (= Aton) seinen erhabenen Sohn gebären,
den Einzigen des Re,
genau wie sich (selbst) ohne Unterlass,
den Sohn des Re,
der seine Vollkommenheit verherrlicht:
Re ist vollkommen an Erscheinungsformen,
der Einzige des Re!

Ich bin dein Sohn, der dir dienlich ist,
der deinen Namen verherrlicht!
Deine Macht und deine Stärke bleiben
in meinem Herzen!

Du bist die Lebende Sonne,
Ewigkeit ist dein Abbild!
Du hast den fernen Himmel geschaffen,
um an ihm aufzugehen,
um all dein Geschaffenes zu sehen.

Du bist einzig,
doch Millionen Leben sind in dir,
um sie (= Geschöpfe) zu beleben!
Der Hauch des Lebens (gelangt) zu den Nasen,
der Anblick deiner Strahlen (bedeutet), zu existieren!

*

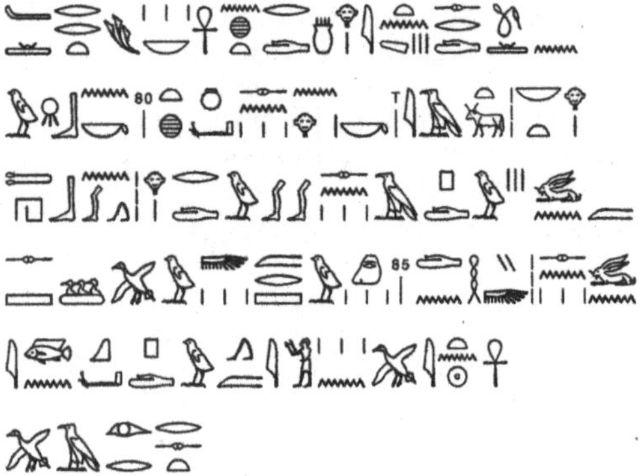

Alle Blumen leben,
und das, was auf dem Erdboden wächst,
gedeiht bei deinem Aufgang;
sie (= Pflanzen) berauschen sich an deinem Antlitz!

[T] Alles Wild springt umher auf seinen Beinen,
und die Vögel, die im Nest waren,
fliegen auf vor Freude;
ihre Flügel, die geschlossen waren,
breiten sie nun aus als Lobpreis
für den Lebenden Sonnengott,
für den, der sie geschaffen hat!
[…]

Zu dieser Ausgabe

Der hieroglyphische Text folgt im Wesentlichen der Ausgabe von Sandman (1938), 10–15 und 93–96; im *Großen Hymnus* sind nur die bei Bouriant (1903), 30–32 und Taf. 16 als zerstört markierten Stellen schraffiert und nach Grandet (1995), 116 ergänzt. Hochgestellte Großbuchstaben bezeichnen die Textquellen: E Grab des Eje (Nr. 25), M Grab des Mahu (Nr. 9), I Grab des Ipy (Nr. 10) und T Grab des Tutu (Nr. 8). Der *Große Hymnus* ist nur ein einziges Mal belegt (Textquelle E), die übrigen bieten Varianten des *Kleinen Hymnus*. Die Originaltexte sind in Kolumnen geschrieben, auf deren Nummerierung hier verzichtet wurde, da sich die Umbrüche im Original primär nach der zur Verfügung stehenden Fläche der Grabwand richten, ohne Rücksicht auf den Textinhalt zu nehmen. Der Zitierung von Textstellen dient der Einfachheit halber die fortlaufende Zeilenzählung der deutschen Übersetzung; zur besseren Orientierung im hieroglyphischen Text sind die Zeilennummern der Übersetzung dort ebenfalls eingefügt. Bedingt durch die Umstellung des Textes vom Spalten- in ein Zeilenlayout entspricht die Anordnung der Hieroglyphen teilweise nicht mehr dem Original; beibehalten wurde aber die Schreibweise in *scriptura continua*. Im deutschen Text sind die Übersetzungen ägyptischer Namen kursiv gesetzt.

Zum verwendeten Klammernsystem:

[...]	Text im Original zerstört
(...)	übersetzungssprachlich bedingte Ergänzung
⟨...⟩	im Original ausgelassener Wortlaut
(= ...)	Rückbezug bei mehrdeutigen Pronomina

Hinweise zur Übersetzung

Es existieren zahlreiche Übersetzungen vor allem des *Großen Hymnus* in verschiedene Zielsprachen. Die Arbeiten von Breasted (1894), 11–62, Scharff (1922), 61–69, Erman (1923), 358–362, Sethe (1931), 63–70, Gardiner (1961), 225–227, Lichtheim (1976), 89–100, Auffret (1981), 256–260, Hari (1985), 1–2, Aldred (1988), 241–243, Foster (1995), 1751–1753, Grandet (1995), 98–133, Kahl (1995), 74–87, Murnane (1995), 113–116, Hornung (1996), 129–133, Assmann (1999), 214–223, Kitchen (1999), 249–260, Borghouts (2001), 32–35, Schlögl (2001), 83–86, und Mathieu (2005), 108–114, haben in vorliegender Übersetzung einige Spuren hinterlassen, ohne dass darauf in jedem Einzelfall gesondert hingewiesen wird.

Trotz intensiver Forschung sind (noch) nicht alle Details und Probleme der ägyptischen Grammatik, Semantik und Lexik vollständig geklärt, so dass Übersetzungen ein und desselben Textes z. T. stark voneinander abweichen. Eine Eigenheit zahlreicher ägyptologischer Textausgaben ist zudem ihr Hang zu wörtlicher Übersetzung, weil man glaubt, auf diese Weise möglichst dicht am Original bleiben und seine grammatikalischen Kenntnisse unter Beweis stellen zu können (Junge, 1999, 28). Dem gegenüber steht die berechtigte Forderung nach einer der Zielsprache adäquaten, »literarischen« Textadaption (Nida/Taber, 1969, 23).

Die hier gegebene Übersetzung versucht einen Mittelweg, indem sie auf allzu strenge wörtliche Wiedergabe verzichtet, ohne sich dabei im Sinne einer Nachdichtung zu weit vom Original zu entfernen. Eine grundsätzliche Schwierigkeit bei der Übertragung poetisch geformter Texte wie den vorliegenden Sonnenhymnen stellt die Adaption von Stilmitteln und rhetorischen Figuren des Ursprungstextes dar (zu Stilistik im Ägyptischen allgemein siehe die Literaturangaben bei Reiche, 1998, 396–397; zu den Stilmitteln im *Großen Sonnenhymnus* siehe Kahl, 1995). So zeichnet ägyptische Hymnen ein parataktischer, asyndetischer Satzbau mit vielfältigen semantischen und kontextuellen Bezügen aus; im Deutschen entsteht daraus häufig eine bezugslose Aneinanderreihung von Aussagesätzen, was die Poetik des Übersetzungstextes empfindlich beeinträchtigt. Ein weiteres Problem stellt die Einteilung in Verse und Kapitel dar, die bei den Sonnenhymnen des Echnaton erst aus dem Text erschlossen werden muss und das Risiko des Subjektiven in sich birgt.

Die Kapiteleinteilung (gekennzeichnet durch einen *) des *Großen Hymnus* entspricht bis auf geringe Abweichungen derjenigen bei Kahl (1995), 52–54, woran sich auch die Kapiteleinteilung des *Kleinen Hymnus* orientiert. Die Verseinteilung folgt im Wesentlichen dem Prinzip der Sinneinheiten (*thought couplets*). Häufiger wurden dabei im Deutschen Verseinheiten zusammengefasst oder durch kausale Konjunktionen miteinander verbunden, um bestimmte Bezüge zu verdeutlichen und den Übersetzungstext nicht zu stark in isolierte Einzelsätze zerfallen zu lassen. Zwar erhöht sich dadurch die Wahrscheinlichkeit von Fehlinterpretationen, doch scheint ein solches Vorgehen gerade bei einer zweisprachigen Textausgabe gerechtfertigt. Alle ägyptischen Namen sind in Übersetzung angegeben, Spezialbegriffe wie »Ma'at« hingegen bleiben unübersetzt und werden im Kommentarteil erläutert.

Für Hinweise und wertvolle Hilfe danke ich Mina Bahar, Erhart Graefe, Rainer Hannig, Daniel Hockmann, Cleo Huggins, Rainer Jebing, Susanne Petschel, Ellen Rehm, Serge Rosmorduc, Regine Schulz, Simon Schweitzer und Matthias Seidel.

Anmerkungen

Der Große Sonnenhymnus

1 *Lobpreisen:* Das einleitende »Lobpreisen« situiert den gesamten Text als hymnische Rede und ist typisches Eröffnungswort ägyptischer Hymnen (Assmann, 1999, 4), dem wie üblich der Name des gepriesenen Gottes folgt.

2–5 Die doppelte Kartusche enthält den sog. »Lehrhaften Namen« des Sonnengottes. Da Namen in Ägypten nicht allein deklaratorische oder identifikatorische Funktion besaßen, sondern vielmehr zu den Wesensbestandteilen einer Person gehörten, wurde vor allem Götternamen eine besondere Bedeutung beigemessen. Die heute übliche Bezeichnung des Gottes als »Aton« ist ein Kürzel, wie es von den Ägyptern jener Zeit selbst stellvertretend für den vollständigen Namen gebraucht wurde, was jedoch nicht als Gottesname missverstanden werden sollte. Der eigentliche Name des Sonnengottes ist – wie häufig in Ägypten und dem gesamten Vorderen Orient – als »Satzname« konstruiert, d. h., er bildet ein grammatisch analysierbares Wortgefüge. Anfängliche Schreibungen noch ohne Kartusche (z. B. Schäfer, 1931, 13, Abb. 1; Davies, 1941, 29, Taf. 30; Kat. Boston, 1999, 207, Nr. 20) belegen die inhaltliche Zusammengehörigkeit beider Namensringe. Trotz zahlreicher Bearbeitungen bereitet das genaue Verständnis des Namenstextes ebenso wie dessen Übersetzung nach wie vor Schwierigkeiten (Assmann, 1975, 529). Die hier gewählte Form der Übertragung basiert im Wesentlichen auf den Vorschlägen von Bennett, wonach der Sonnengott von Amarna mit dem Gott Re beziehungsweise Re-Harachte identisch ist (Bennett, 1965, 207; für eine solche Annahme sprechen zudem frühe Darstellungen des Sonnengottes, die ihn menschengestaltig mit Falkenkopf und Sonnenscheibe auf dem Haupt zeigen, der traditionellen Ikonographie des Gottes Re beziehungsweise Re-Harachte; exemplarisch Habachi, 1965, 91, Taf. 31; Kat. München 1976, Kat.-Nr. 14; Redford 1984, 64, Abb. 4.5; Kat. Boston 1999, 207, Nr. 20). Tatsächlich bildet der Name Re-Harachte in herausgehobener Position den ersten und damit wichtigsten Bestandteil des Gesamtnamens (das der Hieroglyphe für Re-Harachte beigeordnete Lebenszeichen ist kein

Bestandteil des Gottesnamens, sondern ein syntaktischer Zusatz; Anthes, 1963, 3). Re-Harachte (wörtl. ›Re, der Horus beider Horizonte‹; zur Bedeutung des Namens siehe Berteaux, 2005, 37–42) ist der heliopolitanische Name des Sonnengottes, der während der gesamten pharaonischen Epoche zu den bedeutendsten Gottheiten des ägyptischen Pantheons gehörte und in seiner Eigenschaft als Sonnengott ausgesprochen kosmische Züge trug; zugleich war er aufs engste mit herrschaftlichen Aspekten des Königtums verknüpft. Im ersten Teil des »lehrhaften« Gottesnamens von Amarna wird über Re-Harachte ausgesagt, dass er »im Horizont jubelt«, eine Formulierung, die außerhalb von Amarna kaum vorkommt und sich vielleicht auf das Sedfest bezieht, an dem Gott und König gemeinsam teilnehmen (Assmann, 1975, 530). Der zweite Teil definiert die Eigenschaft (wörtl. Name; zur Semantik des Begriffs als wirkende Kraft vgl. Kurth, 2004, 671) des Gottes präziser, nämlich »Licht, das in der Sonne ist«. Genau hierin dürfte die wesentliche Neuerung in der theologischen Konzeption des Re-Harachte bestanden haben: Seine konkrete Benennung und Definition als Sonnenlicht. Ihr entspricht auf bildlicher Ebene das neue Ikon (Bildzeichen) des »Strahlen-Aton«, das den Gott in Gestalt des Himmelskörpers vorstellt, dessen Strahlenarme den Raum zwischen Himmel und Erde als Licht durchfluten und der so seine ganze Schöpfung durchdringt und belebt. In den Darstellungen wird dieses neue Ikon fast obligatorisch von den zwei Namenskartuschen des Sonnengottes flankiert (vgl. Abb. 2, S. 112), was dem Gott ausgesprochen königliche Züge verleiht, wurden doch für gewöhnlich ausschließlich Königsnamen in Doppelkartuschen eingefasst. Weitere titulatorische Beischriften (hier Z. 6–11) verstärken zusätzlich den besonderen Königsaspekt des Gottes (Gunn, 1923, 168–170), wie er auch in den Texten der Grenzstelen von Amarna zum Ausdruck kommt, wenn der Sonnengott eine analog zum König gebildete »Titulatur« trägt (Gundlach, 1994, 108–109), der sogar die Angabe eines offiziellen Regierungsjahres vorangestellt wird. Faktisch bedeutet dies eine Parallelisierung der Herrschaft von Gott und König, wobei der Anteil des Sonnengottes am gemeinsamen Königtum die kosmisch-vegetative Belebung der Welt durch Licht und Bewegung ist (Assmann, 1990, 234; weiterführende Literaturangaben zum Namen des Sonnengottes bei Reiche, 1998, 135, Anm. 29).

2–27 Die Abfolge der Namen und Titel lässt eine hierarchische Ordnung erkennen, an deren Spitze der Sonnengott steht. Entsprechend sind die Hieroglyphen an der Grabwand so orientiert, dass der Gottesname oben am Beginn der ersten Kolumne steht, die zugleich dem Eingang des Grabes und damit dem Ort des Sonnenaufgangs am nächsten ist.

6 *er möge leben immer und ewig:* Der Zusatz ist in dieser Formulierung ungewöhnlich; in Amarna findet sich stattdessen – auch in Bezug auf den Sonnengott – fast ausschließlich das der königlichen Phraseologie entlehnte »dem Leben gegeben ist immer und ewig« (vgl. Z. 6 im *Kleinen Sonnenhymnus*). Wahrscheinlich liegt im Grab des Eje eine Verschreibung vor (so schon Breasted, 1894, 13). Die zwei mit »immer und ewig« übersetzten Begriffe drücken im Ägyptischen unendliche Zeitfülle aus (Assmann, 1991, 39).

7 *Lebende Sonne:* Die Prädikation des Gottes als »Lebende Sonne« ist eine der wichtigsten und häufigsten in Amarna. Sie bezeichnet im engeren Sinn die »Gestalt« (*cheperu*), die äußere Erscheinungsform des Gottes (vgl. Z. 156). Assmann (1990), 233, sieht darin sogar die entscheidenden Elemente des Gottesnamens der Amarna-Religion, da sie sich bei »polemischer Lesart« sowohl gegen den traditionellen Sonnengott wie auch gegen die Vorstellung einer Grenze zwischen der Welt der Lebenden und der Welt der Götter und Toten richteten; der Gott der Amarna-Religion sei damit nicht distant-jenseitig, sondern präsent und diesseitig sowie in Gestalt des Lichts auf Erden leibhaftig gegenwärtig.

8 *Großer beim Sed-Fest:* Zu den altehrwürdigen Zeremonien des ägyptischen Königtums gehörte die Feier des Sed-Festes, das gewöhnlich zum dreißigsten Regierungsjubiläum des Pharaos abgehalten wurde. Das Fest besaß einen regenerativen Symbolgehalt und stand in engem Zusammenhang mit Krönung, Machtergreifung und Machterhalt des Königs, weshalb es gelegentlich zu einem früheren Zeitpunkt der Regierung gefeiert oder häufiger wiederholt werden konnte (Shaw/Nicholson, 1998, 271). So veranstaltete Echnaton ein groß angelegtes Sed-Fest schon kurz nach seiner Thronbesteigung noch in der alten Hauptstadt Theben (Gohary, 1992, 34–36). Er nahm die mehrtägigen Feierlichkeiten offenbar zum Anlass, den Sonnengott in seiner neuen Gestalt öffentlich zu proklamieren; nach Ausweis der erhaltenen

und bis jetzt rekonstruierten Bildzyklen scheint dabei neben dem König der Gott selbst im Mittelpunkt gestanden zu haben, ja sogar aktiv in das Festgeschehen einbezogen worden zu sein, worauf sich seine Betitelung als »Großer beim Sed-Fest« beziehen dürfte. Nach der Namensänderung des Gottes am Ende der ersten Regierungshälfte Echnatons wird der Titel in »Herr des Sed-Festes« geändert (Gunn, 1923, 170–172). Zwar verkündet Echnaton auf den Grenzstelen seiner neuen Hauptstadt Achet-Iten, hier »Millionen Sed-Feste« feiern zu wollen, doch scheint in Amarna selbst tatsächlich keine solche Zeremonie durchgeführt worden zu sein, zumindest fehlt dafür bislang jeglicher Hinweis.

9 *Herr all dessen, was die Sonne umkreist* mutet als Beiwort für einen Sonnengott eigenartig an, doch ist »das, was die Sonne umkreist« spätestens seit dem Mittleren Reich eine gängige Metapher für »die ganze Welt«, vornehmlich in Zusammenhang mit dem ideellen Herrschaftsbereich des Königs (vgl. Blumenthal, 1970, 200). Seit dem Neuen Reich häufiger als königliches Epitheton verwendet, wurde es wohl aus diesem Grund auch auf den Sonnengott in seiner Eigenschaft als Königsgott übertragen. Das Appellativum »Herr« fungiert im Ägyptischen grundsätzlich nicht allein als Ansprache oder Titel, sondern konnotiert immer auch die Vorstellung eines souveränen Eigners mit besitzerlicher Verfügungsgewalt (Hannig, 1995, 401). In diesem Sinne kann der Sonnengott seine Herrschaft an den König übertragen: »Alles, was du (= Aton) umkreist, ist unter seiner (= Echnaton) Aufsicht« (Reiche, 1998, 193); »Er (= Aton) überweist ihm (= Echnaton) alles, was ⟨er⟩ umkreist« (Reiche, 1998, 197); »Mögest du (= Aton) ihn (= Echnaton) einsetzen in dein Amt des Königs von Ober- und Unterägypten als Herrscher dessen, was die Sonne umkreist« (Reiche, 1998, 348).

9–11 Die Abfolge der Epitheta beinhaltet eine integrale Ordnung vom Globalen zum Regionalen: vom unbegrenzten, gesamten Kosmos über Himmel und Erde hin zum abgegrenzten Tempelbau des Per-Iten innerhalb der Stadtgrenzen von Achet-Iten. Zusammengenommen manifestiert sich darin zugleich die universal-kosmische wie konkret-lokale Qualität des Sonnengottes.

11 *Herr des Per-Iten(-Tempels) in Achet-Iten:* Innerhalb der Grenzen der neuen Residenzstadt Achet-Iten (wörtl. ›Horizont der Sonne‹), heute gemeinhin unter der modernen Bezeichnung

»Tell el-Amarna« oder kurz »Amarna« bekannt, befanden sich mehrere Tempelanlagen für den Sonnengott (Arnold, 1992, 178–182). »Per-Iten« (wörtl. ›Haus/Wohnstatt der Sonne‹) ist der Oberbegriff für das zentrale Hauptheiligtum der Stadt, den sogenannten »Großen Aton-Tempel«. In drei Bauphasen errichtet, umfassten dessen äußere Tempelmauern am Ende ein Areal von über 20 Hektar Fläche. Auf ihr erhoben sich weitere Tempelgebäude mit hunderten, dicht an dicht gedrängten Altären zur Aufnahme der gewaltigen Mengen Opfergaben, die dem Gott hier unter freiem Himmel dargebracht wurden (siehe Z. 49 im *Kleinen Sonnenhymnus*). Weniger häufige Varianten der Titulatur bezeichnen Aton als »wohnhaft im Per-Iten(-Tempel)« beziehungsweise einem anderen, dem Sonnengott geweihten Heiligtum. Alle ägyptischen Hochgötter besaßen im Neuen Reich eigene Kultzentren mit größeren Tempelbauten, die als Götterresidenzen zugleich den notwendigen architektonischen Rahmen für die ordnungsgemäße Durchführung der Kulthandlungen abgaben. Entsprechend verfügte auch Aton über ein eigenes Kultzentrum, zunächst wohl noch in Karnak-Ost, später dann in der neu gegründeten Hauptstadt Achet-Iten.

12/22 *seitens:* Im Grab des Eje fehlt die zu erwartende und in allen Versionen des *Kleinen Hymnus* (Z. 7) geschriebene Präposition zur Einführung des Sprechers.

13 *König von Ober- und Unterägypten:* Zentraler Titulaturbestandteil, zum ersten Mal unter Pharao Dewen der 1. Dynastie belegt (um 2939–2892 v. Chr.). Der Titel bringt das ausgesprochen dualistische Weltbild der Ägypter zum Ausdruck, demzufolge jede Ganzheit aus sich jeweils ergänzenden Gegensatzpaaren besteht. Der seiner hieroglyphischen Lesung nach auch als »Nesubit« bezeichnete Titel steht seit dem Mittleren Reich vor der Kartusche mit dem Thronnamen des Herrschers. Er wird allgemein als ›König von Ober- und Unterägypten‹ wiedergegeben (Beckerath, 1999, 15); neuere Forschungen legen die Vermutung nahe, der Titel könne ursprünglich ›Der Erste‹ und ›Der Starke‹ bedeutet haben (siehe Blöbaum, 2006, 62–70). Im Neuen Reich wird Nesubit häufig durch den Titel »Vollkommener Gott« ersetzt, den Echnaton jedoch nur selten trägt (z. B. Kat. Boston, 1999, 207, Nr. 21).

14/18 *der von Ma'at lebt:* Häufiger Beiname Echnatons. Das Wort »Ma'at« bezeichnet ein komplexes Werte- und Ordnungssystem der ägyptischen Gesellschaft, personifiziert in Gestalt der Göttin Ma'at. Sie galt als Gefährtin beziehungsweise Tochter des Sonnengottes Re und erscheint in Darstellungen als Frau mit einer Feder auf dem Kopf. Das Prinzip Ma'at stand für die gesamte strukturierte Welt einschließlich kultureller Normen und Wertvorstellungen; als solches bildete Ma'at den Gegenpol zu Isfet, dem Inbegriff des ungeordneten, wilden, zerstörerischen Chaos. Aufgabe eines jeden Pharao war es, Ma'at auf Erden zu verwirklichen und so nicht allein den ägyptischen Staat, sondern die ganze Weltordnung aufrechtzuerhalten – bildlich umgesetzt findet sich dieser Gedanke in dem Motiv des Königs, wie er den Göttern eine kleine Ma'at-Figur darbringt (für Belege dieses Motivs in Amarna siehe Teeter, 1997, 112–113). Das Konzept der Ma'at war aufs engste mit dem Sonnengott Re verbunden, der als »Herr der Ma'at« zugleich »von Ma'at lebt«, der sich Ma'at buchstäblich einverleibt, wenn es heißt: »Du isst von Ma'at, du trinkst von Ma'at, dein Brot ist Ma'at, dein Bier ist Ma'at, du atmest Weihrauch ein als Ma'at, die Luft deiner Nase ist Ma'at« (Assmann, 1999, 279). Als Repräsentant des Gottes auf Erden lebte auch der König von und durch Ma'at, über deren Einhaltung und Bestand er als ethische Instanz wachte (Assmann, 1990, 212). Dieser Grundsatz hat auch in Amarna Gültigkeit, wie sich überhaupt die Ma'at-Konzeption Echnatons kaum von derjenigen der frühen 18. Dynastie unterscheidet. Neu und einzigartig ist jedoch, dass der Ausdruck »der von Ma'at lebt« zum regulären Bestandteil der Titulatur des Königs wird, und zwar spätestens seit Gründung der neuen Residenzstadt Achet-Iten (Anthes, 1952, 6–7). Damit betont Echnaton nicht allein sein Ma'at-gemäßes Handeln, sondern zugleich seine enge Beziehung zu Aton, dem »Gott, der von Ma'at lebt vor (aller) Augen« (Sandman, 1938, 46:14).

15 *Herr Beider Länder:* »Die Beiden Länder« ist eine Bezeichnung für Ägypten und spielt wohl auf die geographische Zweiteilung des Landes in die nördliche Deltaregion und das südlich davon gelegene Niltal an (vgl. Anmerkung zu Z. 13).

16 f. Seit Beginn des Mittleren Reiches nahm jeder König bei seiner Thronbesteigung eine aus fünf Namensbestandteilen zusammengesetzte offizielle Titulatur an (siehe Beckerath, 1999, 1–32). Zu ihr gehörte als zentraler Bestandteil der sog. Thronname, der bis auf wenige Ausnahmen fast immer den Namen des Sonnen-

gottes Re enthält. Bei der Übersetzung der Thronnamen ergeben sich noch immer größere Schwierigkeiten; die hier gegebene Interpretation folgt im Wesentlichen den Vorschlägen von Graefe (1995), wonach der Thronname Teil eines reziproken Aussagesystems über den Sonnengott Re und den Namensträger ist: »Re ist vollkommen an Erscheinungsformen« bezieht sich demnach zugleich auf den Sonnengott und den König; so, wie der Gott Re mit vollkommenen Erscheinungsformen ausgestattet ist, sind auch die Erscheinungsformen des Königs vollkommen, der ja selber ein »irdischer Re« ist (s. Anm. zu Z. 18). Der Zusatz »Einziger des Re« ist Ausdruck der exklusiven Beziehung des Königs zum Sonnengott (siehe Z. 172). Echnaton ändert später seinen Eigen-, nicht aber seinen Thronnamen (s. Anm. zu Z. 20).

18 *Sohn des Re:* Seit Pharao Djedefre der 4. Dynastie (um 2581–2572 v. Chr.) stets dem Eigennamen des Königs vorangestellter Ausdruck, der den König in verwandtschaftliche Beziehung zum Sonnengott Re und damit zur überirdischen Götterwelt setzt. Der kosmisch-solare Gott Re ist ideell der Vater des Königs, der in seiner Eigenschaft als Sohn des Re an dessen Göttlichkeit partizipiert und damit spätestens ab dem Neuen Reich selbst zum »irdischen Re« wird (zum König als Re exemplarisch Hornung, 1992, 350–352, und Graefe, 1995, 121–123). Auf dieser Ebene spiegelt der Titel zugleich die Thronfolge vom Vater als (irdischem) Re zu seinem Sohn als »Sohn des Re«. »O (du) Re, geboren von Aton!« wird Echnaton von seinem »Kammerherrn« und »Regierungssprecher« Tutu gepriesen (Sandman, 1938, 80:1).

19 *Herr der Kronen:* Titelzusatz vor dem Eigennamen eines Königs, äquivalent zum Titelzusatz »Herr Beider Länder« vor dem Thronnamen. Der Titel ist Symbol der Epiphanie (Hannig, 1995, 586).

20 *Der dem Sonnengott dienlich ist:* Der Eigenname, auch Geburtsname genannt, gilt als derjenige Bestandteil des offiziellen Namensprotokolls, den ein König seit seiner Geburt trägt. Im Falle Echnatons war dies zunächst der Name seines Vaters, Amenophis (konventionelle Schreibung, richtiger eigentlich als »Amenhotep« wiederzugeben), ägyptisch *Imen-hetep* ›Amun ist zufrieden‹. Spätestens mit dem Umzug nach Amarna um das Jahr 5 seiner Regierung änderte der König seinen Eigennamen in Echnaton, ägyptisch *Ach-en-Iten* ›Der dem Sonnengott dienlich ist‹

(siehe Z. 63 im *Kleinen Hymnus*). Der neue Name erlaubte bewusst vielfältige lautliche Assoziationen, vor allem mit *ach* ›Glanz‹ (= Glanz des Sonnengottes) und *achu* ›Macht‹ (= Macht des Sonnengottes), aber auch mit dem Namen der neuen Residenzstadt Achet-Iten. In der altehrwürdigen Hauptstadt Memphis gab es sogar einen Aton-Tempel mit dem Namen des Königs (Jeffreys, 2006, 121). Die vokalisierte Form des Namens könnte /*achanjati*/ oder ähnlich geklungen haben (Fecht, 1960, 89).

21 *dessen Lebenszeit lange währt:* Standard-Epitheton Echnatons. Das vielbeschworene hohe Alter war dem König allerdings nicht vergönnt; er starb nach knapp 18 Regierungsjahren, kaum älter als 40 Jahre.

23 *Großen Königsgemahlin:* Offizieller Titel der »Hauptfrau« des regierenden Pharaos. Unter Echnaton hatte die berühmte Nofretete diesen Titel inne. Ihre exponierte Position im theologischen, kultischen und administrativen Gefüge von Amarna findet keine Entsprechung in anderen Zeiten, weshalb Nofretete mit Recht zu den herausragendsten Frauengestalten des Alten Ägypten zu zählen ist.

24 *Herrin Beider Länder:* Der Titel ist äquivalent zum Titel »Herr beider Länder« gebildet (Z. 15) und tritt bei Königinnen erstmals am Beginn der 18. Dynastie auf (Troy, 1986, 196). Dass der Titel bei Nofretete in konsequenter Symmetrie zum Titel des Königs direkt vor die Kartusche gesetzt wird, ist ein Charakteristikum der Amarnazeit und bringt die Partizipation der Königin an der Herrschaft ihres Gatten zum Ausdruck (Roth, 2002, 14).

25–26 Wie der Name ihres Gatten (Z. 20) wurde auch der Name der Nofretete im Laufe der Zeit geändert oder besser erweitert. Bei der frühen »Kurzform« ihres Namens »Die Schöne ist gekommen« dürfte es sich um ihren eigentlichen »Geburtsnamen« handeln. Dieser wurde dann spätestens mit dem Umzug nach Amarna um den Zusatz »Der Sonnengott ist vollkommen an Schönheit« nach vorne erweitert (Samson, 1978, 109–110), wobei die Zeichen für »Sonnengott« (Aton) spiegelverkehrt gegen die Leserichtung ausgerichtet sind. Durch diesen typographischen »Kunstgriff« entsteht der Eindruck, als blicke Nofretete in Form ihres Kurznamens buchstäblich zum Anfang der Kartusche mit dem Namen des Aton, der seinerseits in Richtung Königin »blickt«. Der Zusatz »Der Sonnengott ist vollkommen an Schönheit« bezieht sich ähnlich wie der Thronname des Königs

(s. Anm. zu Z. 16 f.) wohl ebenfalls auf den Gott wie auf die Namensträgerin selbst: Nofretete ist »vollkommen an Schönheit« wie Aton. Der Kurzname, aus dem die heutige Form »Nofretete« entstand, könnte in etwa wie */nafteta/* ausgesprochen worden sein (Fecht, 1960, 89).

28 *Er sagt:* Der eigentliche Beginn des Hymnus evoziert einen Sprechakt seitens des Königs (Foster, 1995, 1755). In diesen Sprechakt hat sich der Grabherr Eje mit seiner Frau geschickt eingeschaltet, indem beide auf der Grabwand den eigenen Namen und Titel direkt unter die Kolumne mit Namen und Titel des Königspaares platzieren ließen und somit das »Er sagt« nicht nur auf den König, sondern auch auf den Grabherrn bezogen werden kann (Westendorf, 1990, 405). Die Inschrift zu Eje lautet: »Wedelträger zur Rechten des Königs, Vorsteher aller Pferde Seiner Majestät, der Vertraute im ganzen Land, der Gelobte des Vollkommenen Gottes (= des Königs), der It-netjer (wörtl. »Gottesvater«, ein Priestertitel) Eje«. Die Inschrift zu seiner Frau lautet »Die Gelobte des Vollkommenen Gottes (= des Königs), die ehrwürdige Amme der Großen königlichen Gemahlin *Der Sonnengott ist vollkommen an Schönheit, die Schöne ist gekommen* (= Nofretete), sie möge leben immer und ewig, die Chekeret-nesu (wörtl. »Schmuck des Königs«, ein Titel von Hofdamen) Ti«.

29 *Du erscheinst vollkommen am Horizont des Himmels:* Die im *Großen* und im *Kleinen Hymnus* verwendeten Verbformen sind unterschiedlich; während »erscheinen« im *Großen Hymnus* eher eine zukünftig erwartete oder verlangte Handlung auszudrücken scheint, bringt die im *Kleinen Hymnus* (Z. 17) verwendete Verbform offenbar eine immer wiederkehrende beziehungsweise dauerhafte Handlung zum Ausdruck. Die genauen Nuancen in der Bedeutung zu erfassen wird durch den Umstand erschwert, dass die drei Versionen des *Kleinen Hymnus* unterschiedliche Formen bei gleichem Kontext zeigen (siehe Sandman, 1938, 11:1–5). In der Übersetzung deuten »Du erscheinst …« (*Großer Hymnus*) und »Dein Erscheinen …« (*Kleiner Hymnus*) diese Unterschiede in den Verbformen an, ohne dabei deren inhaltliche Bedeutung wiedergeben zu können.

29–32 Die zwei Verseinheiten haben verschiedene Phasen des morgendlichen Sonnenaufgangs zum Gegenstand; zunächst den Vorgang des Sonnenaufgangs selbst, das »Erscheinen am Horizont des Himmels«, dann das »Aufgegangen sein am Osthorizont« als Abschluss dieses Vorgangs und schließlich das Resultat nach Sonnenaufgang, wenn der Sonnengott »jedes Land mit seiner Schönheit erfüllt hat«. Die Grammatik der Verse mit drei verschiedenen Verbformen vermittelt dabei zusätzlich das prozessuale Geschehen.

30 *der das Leben bestimmt:* Die Stelle ist heute im Original zerstört; nach der Abschrift von Bouriant (1903), 30–32 und Taf. 16, ist »der das Leben beginnt« zu lesen. Assmann (1983), 133, hat sich unter Hinweis auf Parallelen in anderen Amarna-Texten für die Lesung »zuweisen« beziehungsweise »bestimmen« ausgesprochen und argumentiert, die Kategorie der Urzeit sei den Amarnahymnen fremd (Assmann, 1999, 222–223). Dagegen ließe sich einwenden, dass »beginnen« sich hier nicht zwangsläufig auf eine (mythische) Urzeit, sondern auf den Vorgang des Sonnenaufgangs an sich beziehen kann (so auch Grandet, 1995, 139); erst mit Erscheinen der Sonne am Morgen beginnt das Leben (»Neuschöpfung der Welt bei Sonnenaufgang«; s. Anm. zu Z. 107). Dennoch machen die von Assmann aufgezeigten Parallelen die Lesung »bestimmen« gegen Bouriant sehr wahrscheinlich (vor allem die Parallelversion im Grab des May; Sandman, 1938, 59:8).

32 *hast du jedes Land mit deiner Schönheit erfüllt:* Statt »Schönheit« verwendet der *Kleine Hymnus* »Liebe« (Z. 23 *Kleiner Hymnus*); beide Begriffe wirken wie Metaphern für die Strahlen des Sonnengottes (Grandet, 1995, 139), die als Licht den Raum zwischen Himmel und Erde ausfüllen. Die Parallele im Grab des May schreibt statt »jedes Land« »die Beiden Länder (= Ägypten)« (Sandman, 1938, 59:8).

33–35 Nach erfolgreichem Sonnenaufgang umschreiben die vier Eigenschaften (wörtl. »Du bist wunderschön, du bist groß, du bist glänzend, du bist hoch über allem Land«) die sichtbare Form des Sonnengottes als Himmelskörper. Auch auf sprachlicher Ebene bilden sie eine Einheit (Pseudopartizip-Konstruktion).

36–39 Die Verse behandeln das aktive Wirken des Sonnengottes auf die Welt. Mit seinen Strahlen umfasst er die Länder, in Gestalt des Re dringt er bis ans Ende seiner Schöpfung (im Ägyptischen liegt ein Wortspiel zwischen Re und Grenze vor; Assmann, 1999, 223). Als Re tritt der Sonnengott von Amarna hier in seinem kämpferischen Aspekt in Erscheinung, wenn er die

Länder »für seinen geliebten Sohn«, den König, niederzwingt (die Ergänzung der Präposition »für« nach der Parallele im Grab des May; siehe Sandman, 1938, 59:10). Der aggressive Charakter des Gottes im Umgang mit seinen Gegnern wird besonders im sogenannten *Buch von der Himmelskuh* deutlich, wenn er die gegen ihn rebellierende Menschheit zu vernichten beabsichtigt (siehe auch Anm. zu Z. 127). In spätzeitlichen Hymnen kann sich ein Beter mit den Worten »Komm zu mir, Re-Harachte, auf dass du mich über meine Feinde triumphieren lässt!« an den Sonnengott wenden (Allen, 1949, 352).

40–43 Es geht um das Paradoxon eines weit entfernten Sonnengottes, dessen Strahlen dennoch bis zur Erde dringen, und um das Mysterium des Sonnenlaufs. Assmann (1972), 120, spricht in diesem Zusammenhang von der »geheimnisvollen Beziehung des Einen zur Schöpfungswelt«, die nun im Abstand zwischen Himmel und Erde »verräumlicht« sei: »Der Eine ist so nicht mehr *in* der Schöpfung als der Vielheit verborgen gegenwärtig, sondern er steht ihr als Sonne gegenüber.« Als solches ist der Sonnengott aber keine völlig entrückte, absolut transzendente Größe, sondern in Gestalt seiner Strahlen aktiv und in der Welt zugegen (Tobin, 1986, 9): »Du bist fern, doch deine Strahlen sind auf der Erde« (Z. 40–41). Durch eben diese Strahlen ist der Gott mit seiner Schöpfung verbunden, und durch sie handelt er und greift in das Geschehen ein: Mit seinen Strahlen umfängt er die Länder (Z. 36), mit ihnen vertreibt er die Finsternis (Z. 62–63) und »säugt« die Pflanzen (Z. 145), seine Strahlen reichen sogar bis ins Innere des Meeres (Z. 83). Auf bildlicher Ebene sind es die Strahlenarme des neuen Ikons des »Strahlenatons«, die das Königspaar »umfangen« und ihm Lebenszeichen an die Nase reichen. Die Strahlen können sogar Gegenstand der Anbetung sein; so begrüßt der Beamte Tutu den Sonnengott mit den Worten: »Ich bin gekommen in Lobpreis für deine Strahlen, O lebender und einziger Sonnengott!« (Sandman, 1938, 71:7). Das in Z. 42–43 ausgedrückte Mysterium des Sonnenlaufs hat eine fast wörtliche Parallele in der unmittelbaren Voramarnazeit; im Text einer Stele zweier Beamter namens Suti und Hor aus der Zeit von Echnatons Vater Amenophis' III. (1388–1351 v. Chr.) heißt es vom Sonnengott Re-Harachte: »Deine Strahlen sind im Blickfeld, ohne dass man sie erkennt« (Fecht, 1967, 28; für weitere Belege dieses Motivs siehe Zandee, 1992, 129–130). Einen anderen Interpretationsansatz verfolgt Grandet (1995), 140. Unter Hinweis auf die starke Ausrichtung der Amarna-Religion auf die sichtbaren, diesseitigen Erscheinungen der Welt und die entsprechend auffällige Vermeidung von Aussagen über den Lauf der Sonne bei Nacht zieht er Z. 43 und Z. 44 zusammen und übersetzt »Man kann deinen Lauf nicht kennen, wenn du am Westhorizont untergehst.«

42 *du bist im Blickfeld:* Umschreibung für wörtl.: ›du bist vor den Gesichtern‹.

44–58 Beschreibung des Zustands der Schöpfung bei Sonnenuntergang und während der Nacht. Die Abwesenheit des Sonnengottes wird auch in anderen Hymnen aus Amarna thematisiert, beispielsweise im *Kleinen Hymnus* (Z. 35–40) oder – in sehr verknappter Form – im Hymnus aus den Gräbern des Huja, des Iahmes und des Merire: »Sie (= Geschöpfe) versinken in einen totenähnlichen Schlaf während deines Untergehens« (Reiche, 1998, 130).

47 *Kammer:* Die genaue Bedeutung des ägyptischen Wortes ist unklar. Gemeint ist an dieser Stelle sicher eine Schlafstätte, die sich entweder im Haus selbst oder an lauen Sommernächten auch außerhalb des Hauses befinden konnte (Endruweit, 1994, 118). Am ehesten wäre dann vielleicht an eine Laube auf dem Dach oder an einen kleinen Kiosk aus Matten zu denken (siehe Hannig, 1995, 836). Das Bild des Schlafenden, der abgeschieden in der Dunkelheit seiner »Kammer« liegt, erinnert zugleich an das Bild eines im Grab liegenden Toten und unterstreicht so eindrücklich den »Todeszustand« der Welt bei Nacht.

48 *die Häupter (von Dunkelheit) verhüllt:* Sicher ist das ägyptische »verhüllen« hier metaphorisch zu verstehen; die das Land bedeckende Finsternis umgibt – »verhüllt« – auch die Häupter der Schlafenden, so dass »nicht ein Auge das andere erblicken kann« (vgl. Z. 37 *Kleiner Hymnus*).

53 f. *Jeder Löwe … beißt und sticht:* Zum literarischen Motiv der nachtaktiven Löwen und Tiere siehe auch Psalm 104,20–22.

54 *alles Gewürm, es beißt und sticht:* Der mit »Gewürm« übersetzte Begriff meint im Ägyptischen allgemein Kriechtiere und Insekten; »beißen« und »stechen« stehen hier für ein und dasselbe Wort im ägyptischen Text, das je nach Kontext im Deutschen entweder beißen (z. B. Schlangen) oder stechen (z. B. Skorpione oder Mücken) bedeutet (vgl. auch Foster, 1995, 1751).

55 *Finster ist die Feuerstelle:* Es existieren unterschiedliche Lesarten des Satzes; Assmann (1999), 218, gibt als Alternative »Die Finsternis ist ein Grab«; Grandet (1995), 141, schlägt »(Es herrschen) Dunkelheit und Bewölkung« vor. Der völligen Dunkelheit am Himmel entspricht die totale Finsternis auf der Erde, die von keinem Feuer mehr erhellt wird.
57 *solange:* Sinngemäße Einfügung im Deutschen nach dem Hymnus des Huja, Iahmes und Merire (s. Anm. zu Z. 44–58).
60 *sobald:* Die temporale Konjunktion »sobald« ist eine Hinzufügung im Deutschen und soll den unmittelbaren Zusammenhang zwischen dem morgendlichen Aufgehen der Sonne und dem Vertreiben der Finsternis verdeutlichen. Das Vertreiben der Finsternis ist dabei nicht als einmaliger Vorgang, sondern als andauernder Prozess während des ganzen Tages zu verstehen; solange der Sonnengott seine Strahlen aussendet, vertreibt er die Finsternis.
61 *und als Sonne am Tage leuchtest:* Die weithin sichtbare und typische Erscheinungsform des Sonnengottes ist diejenige als »Sonne des Tages« (s. Anm. zu Z. 130).
62–64 Parallele im Grab des Tutu: »Er (= Aton) vertreibt die Finsternis und sendet seine Strahlen aus. Jedes Land ist nun erfüllt mit seiner Liebe!« (Sandman, 1938, 76:2–3).
64 *Die Beiden Länder:* Bezeichnung für Ägypten (s. Anm. zu Z. 15).
65 *das Sonnenvolk ist erwacht:* Die Lesung »Sonnenvolk« ist unsicher; bereits Breasted (1894), 34, hatte stattdessen »täglich« vorgeschlagen (gegen die Lesung »täglich« siehe Westendorf, 1990, 406). Mit »Sonnenvolk« sind hier vielleicht konkret die Anhänger des Sonnenkultes – und damit die offiziellen Vertreter der neuen Ordnung – gemeint, die am morgendlichen Ritual der hymnischen Verehrung des Sonnengottes teilnehmen, weniger die Menschen allgemein oder gar die ganze Menschheit (siehe Kootz, 2006, 159).
67 *nachdem du sie aufgerichtet hast:* Im vorliegenden Kontext spielt neben dem Aufstehen am Morgen sicher auch die rituelle Hinwendung zum Sonnenaufgang eine Rolle: »Alle Gesichter sind *auf dein Aufgehen gerichtet*«, heißt es im Grab des Tutu (Sandman, 1938, 76:7). Zwei Reliefblöcke aus dem Aton-Tempel in Karnak zeigen das Königspaar vor einem Bett stehend, ein Motiv, das wie die bildliche Umsetzung des Gedankens vom

»Aufgerichtet sein« der Menschen am Morgen durch den Sonnengott anmutet (die Darstellung konnotiert vielleicht auch eine erotische Komponente; vgl. Traunecker, 2005, 130–132). Die Vorstellung, dass der Sonnengott seine Geschöpfe am Morgen »aufrichtet«, wird am Ende des Hymnus (Z. 192) noch einmal in leicht veränderter Formulierung wiederholt: »du erhebst sie (= die Geschöpfe) für deinen Sohn«.

68 f. Wörtliche Parallele im Grab des Tutu (Sandman, 1938, 76:4); im gleichen Grab wird von Aton gesagt: »Bei seinem (= des Königs) Erscheinen reinigst du ihn, und das Ornat wird (ihm) angelegt« (Sandman, 1938, 72:8–9).

70 *ihre Arme Lobpreis geben:* Das hieroglyphische Wortzeichen (Logogramm) für »Lobpreis« zeigt einen stehenden Mann, der beide Arme im Gestus der Verehrung erhebt. Wie bei den meisten Religionen erforderte auch im alten Ägypten die Rezitation eines sakralen Textes eine entsprechende Körperhaltung (man denke an das Knien oder die gefalteten Hände im Christentum oder die strenge Abfolge verschiedener Körperhaltungen beim Gebet im Islam); erhobene Arme mit nach vorn gewendeten Handflächen waren in Ägypten der typische Gestus beim Rezitieren von Lobpreisungen. Reinheit und festliche Kleidung unterstreichen den rituellen Charakter der Handlung. Die den Hymnen zugeordneten Darstellungen der Grabbesitzer zeigen diese mit zum Lobpreis erhobenen Armen in aufwändiger Gewandung (siehe auch die Abbildungen der Titelseiten zum *Großen* und *Kleinen Hymnus*).

72 *Im ganzen Land verrichten sie nun ihre Arbeit:* Nach Abschluss der morgendlichen Festrituale beginnen die Menschen mit ihren alltäglichen Geschäften. Eine sinngemäße Entsprechung findet sich in Psalm 104,23.

73 *Alles Vieh:* Das ägyptische Wort für Vieh bezeichnet im engeren Sinn Kleinvieh wie Schafe, Ziegen, Schweine, aber auch Esel oder Wüstentiere wie Antilopen und Gazellen. Mit dem Zusatz »alles« erweitert sich die Bedeutung auf die gesamte Fauna. Das Wort »Vieh« kann auch metaphorisch gebraucht werden; mit »edlem Vieh« oder »Vieh Gottes« sind die Menschen gemeint, die auch »Vieh des Re« genannt werden (Hannig, 1995, 132).

74 *Bäume und Gräser gedeihen:* Siehe auch Z. 28 und Z. 77–80 im *Kleinen Hymnus*. Die Wirkung des Lichts auf Flora und Fauna ist eines der zentralen Themen der Sonnenhymnen. Selbst das

Rauschen der Pflanzen im Wind wird dabei zur Metapher für die vitalisierende Kraft des Sonnenlichts: »Gräser und Bäume rauschen vor deinem Antlitz!« preist Tutu den Sonnengott in seinem Grab (Sandman, 1938, 76:3).

75 *die Vögel sind aus ihren Nestern aufgeflogen:* Das Bild von Vögeln, die aus ihren Nestern im Papyrusdickicht auffliegen, ist Teil des Repertoires der Wandmalereien aus Amarna (z. B. Kat. München, 1976, Kat.-Nr. 40; Saleh/Sourouzian, 1986, Kat.-Nr. 147). Es geht wahrscheinlich auf Vorbilder aus den Sonnenheiligtümern des Alten Reiches zurück (5. Dynastie, um 2500–2350 v. Chr.), wo sich ganz ähnliche Darstellungen finden, beispielsweise im Sonnenheiligtum des Niuserre in Abusir (siehe Edel/Wenig, 1974, Taf. 12). In Amarna verbindet sich das Motiv der auffliegenden Vögel mit dem Motiv der üppigen Vegetation des Papyrusdickichts zu einer symbolischen Aussage über die Fruchtbarkeit und Regenerationskraft des von und durch die Natur gepriesenen Sonnengottes (s. Z. 76).

76 *ihre Flügel sind Lobpreis für deinen Ka:* Analog zu den Menschen, die den Sonnengott mit ihren Armen preisen (s. Z. 70), wird auch das Flügelschlagen der Vögel als Lobpreis für den Sonnengott beziehungsweise für dessen »Ka« gedeutet und somit Macht und Ansehen des Gottes ins Unendliche gesteigert. Der Begriff Ka bezeichnet einen Wesensbestandteil von Menschen und Göttern, entfernt mit unserem Konzept der »Seele« verwandt (siehe Loprieno, 2003, 203–207). Die komplexe anthropologische Dimension des Ka umfasst die Vorstellung eines »Fluidums«, das jedem Menschen innewohnt, ebenso wie die Idee einer sich im Ka ausdrückenden individuellen Persönlichkeit (das »Selbst«), aber auch allgemeinere Qualitäten und Charaktereigenschaften; so wird der Sonnengott spätestens ab der 19. Dynastie mit nicht weniger als 14 Ka gedacht, die so verschiedene Aspekte wie »Stärke«, »Tüchtigkeit« und »Ansehen«, aber auch »Gedeihen«, »Wissen«, »Dauer«, »Leuchtkraft« oder »Wirkmächtigkeit« verkörpern (Borioni, 2005, 102–103).

81 *alle Wege sind offen bei deinem Erscheinen:* Der Nil war eine der wichtigsten Verkehrsadern des Landes, weshalb der Schifffahrt große Bedeutung zukam; daneben existierte ein ausgedehntes Straßennetz, das mit teils beachtlichem Aufwand instand gehalten werden musste (Graeff, 2005, 206). Dass die Wege – im vorliegenden Kontext geht es wohl konkret um die

Wasserwege – frei passierbar sind, dürfte ganz praktisch mit dem Erkennen von Untiefen und Sandbänken zu tun gehabt haben, die ein sicheres Manövrieren nur tagsüber bei guten Sichtverhältnissen erlaubten. Unterschwellig wäre aber auch an eine Anspielung auf die mythische »Nachtfahrt der Sonne« zu denken, bei der der Sonnengott mit seinem Gefolge in einer Barke den Nachthimmel durchquert und dabei gefährliche Hindernisse überwinden muss (s. dazu Hornung, 1991, 111). Zwar wird die Nachtfahrt der Sonne als solche in den Amarna-Hymnen nicht thematisiert, doch legt die enge Parallele einer ungehinderten Fahrt der Sonnenbarke bei Nacht und einer ungehinderten Fahrt der Nilschiffe am Tag eine solche gedankliche Assoziation nahe. In Psalm 104,25–26 tauchen die Motive von Schifffahrt (Z. 80) und Meerestieren (Z. 82) ebenfalls auf, allerdings in umgekehrter Reihenfolge.

82 *Die Fische im Strom schnellen umher vor deinem Antlitz:* Eine ganz ähnliche Formulierung findet sich im Grab des Tutu: »Die im Wasser sind, schnellen hoch (wörtl. ›springen‹) bei deinem Erscheinen« (Sandman, 1938, 76:3–4).

84 *(Du) lässt Foeten in den Frauen entstehen:* Dieser und die folgenden Verse (Z. 85–87) werden gemeinhin als Partizip-Konstruktionen verstanden und im Deutschen häufig mit »Der ... entstehen lässt« usw. übersetzt. Im Hinblick auf die ab Z. 92 einsetzende direkte Rede an den Gott sowie die Vokative in Z. 88 wurden die Partizipien in vorliegender Übersetzung durch Formen des Präsens der 2. Pers. sing. wiedergegeben; dabei wurde bewusst auf Umschreibungen der Partizipien wie »Der (du) ... entstehen lässt« oder ähnlich verzichtet, die zwar eher der zugrunde liegenden Konstruktion im Ägyptischen entsprechen, nicht aber dem deutschen Sprachgebrauch. Die Lesung von »Foeten« (Hannig, 1995, 315) ist unsicher; häufig wird »Samen« übersetzt, was jedoch eine gewisse Redundanz zum nachfolgenden »indem (du) ›Wasser‹ zu Menschen machst« mit sich bringt, denn »Wasser« meint hier sicher Samenflüssigkeit. Borghouts (2001), 33, übersetzt progressiv »Du, der das Fruchtwasser schafft in den Frauen / der Samen macht in den Männern«.

85 *indem (du) ›Wasser‹ zu Menschen machst:* Metapher für die Entstehung menschlichen Lebens aus Sperma; die Bezeichnung von Sperma als »Wasser« findet sich bereits seit dem Alten Reich (siehe Hannig, 2003, 521), außerhalb Ägyptens auch im

Sumerischen (Sjöberg, 1992, 1). Eine andere Interpretation bei Borghouts (2001), 33 (s. Anm. zu Z. 84).

88 *Amme im Mutterleib:* Das Wort Amme ist im Ägyptischen weniger geschlechtsspezifisch als im Deutschen. Hohe Würdenträger, die mit der Erziehung von Prinzen oder anderen Kindern des Königshauses betraut waren, konnten auch als Männer den Titel »Amme« im Sinne eines »Erziehers« oder »Tutors« tragen, wobei das Wort dann grammatisch ein Maskulinum bildete. Im Hymnus ist das Wort Amme hingegen als Femininum geschrieben.

89 *der alles, was er geschaffen hat, belebt:* wörtl. ›um alles, was er geschaffen hat, zu beleben‹ – bezogen auf die zwei Vokative sinngemäß ›Du bist eine Amme im Mutterleib, du bist einer, der Atem spendet, damit alles, was er geschaffen hat, am Leben bleibt.«

94 *Das Küken im Ei piepst bereits durch die Schale:* Die häufig anzutreffende wörtliche Übersetzung ›Das Küken im Ei redet ...‹ ist irreführend. Es geht hier ja nicht um ein sprechendes Küken der Märchen- oder Fabelwelt, sondern um die ersten Laute des Jungvogels, die im Kontext des Hymnus als Lobpreis für den Sonnengott zu verstehen sind. »Reden« kann an dieser Stelle auch nicht als poetische Umschreibung für ein prosaisches »piepsen« aufgefasst werden, da im Ägyptischen kein spezielles Wort für piepsen existiert; vielmehr beinhaltet die Semantik des Begriffs »sprechen, reden« in Bezug auf Vögel auch die Bedeutungen »piepsen«, »piepen«, »schreien« und ähnliches (siehe Hannig/Vomberg, 1999, 188).

94–102 Das ausdrucksstarke Bild der Belebung des Kükens im Ei findet sich in ähnlicher Form bereits in einem Hymnus an Amun-Re: »Der dem, der im Ei ist, Luft gibt, der das Junge der Schlange belebt, der das, wovon die Mücke lebt, schafft, Wurm und Floh gleichermaßen, Schöpfer des Bedarfs der Mäuse in ihren Löchern, der die Vögel in jedem Baum belebt!« (Luiselli, 2004, 24).

103 *Wie zahlreich ist doch, was du schaffst:* »Zahlreich« bezieht sich hier sowohl auf die zuvor geschilderte Schöpfung von Mensch und Tier wie auch auf die allumfassende, omnipotente Schöpferkraft des Sonnengottes, die Himmel (Z. 151) und Erde (Z. 107), Nil (Z. 122), Jahreszeiten (Z. 147), Städte, Dörfer, Felder, Straßen, Flüsse (Z. 160), insgesamt »Millionen von Gestal-

ten« (Z. 159) hervorbringt. Eine vergleichbare Formulierung in Psalm 104,24.

104 *wenn es dem Blickfeld verborgen bleibt:* Umschreibung für wörtl. ›wenn es vor dem Gesicht verborgen bleibt‹. Es geht um die dem menschlichen Auge verborgene Schöpfung des Kindes im Mutterleib (Z. 84–93) oder des Kükens im Ei (Z. 94–102). Auch solche mit bloßem Auge nicht sichtbaren Vorgänge der Natur werden der Schöpferkraft und dem Wirken des Sonnengottes zugeschrieben.

105 f. *alleiniger Gott, von dessen Art es keinen anderen gibt:* Ausdruck der völligen Einzigartigkeit des Sonnengottes und seiner singulären Erscheinung am Firmament. Bereits seit frühester Zeit konnten Götter in Ägypten als »einziger Gott« oder »ohne ihresgleichen« angerufen werden, ohne dass damit jedoch ein »monotheistischer« Anspruch verbunden gewesen wäre. Gemeint ist vielmehr die Einzigartigkeit, die jedem Gott individuell zukommt; er ist einzig in seiner Art und hat neben sich keinen, der ihm gleicht (Hornung, 2005, 197). So heißt es beispielsweise von der Göttin Hathor: »Es gibt keine Zweite wie sie« (Blumenthal, 2001, 16), und der Gott Amun-Re tritt in seiner Eigenschaft als Schöpfergott »Einzig in seiner Art unter den Göttern« auf, als »Der Eine, Einzige, der das, was ist, schuf«, als »Der Eine, Einzige, mit zahlreichen Armen«, »Der Eine, Einzige, ohne Seinesgleichen« (Luiselli, 2004, 1, 23, 24, 26). In der unmittelbaren Voramarnazeit preisen die Beamten Suti und Hor den Gott Re-Harachte in ganz ähnlicher Weise: »Ein Bildender bist du, der du deinen Leib (selber) formst; ein Gebärender, der nicht geboren wurde, einzig in seiner Art« (Fecht, 1967, 28). Es ist insbesondere die Autogenese, die den Schöpfergott so einzig macht und die ihn von allen anderen Göttern unterscheidet (zur Autogenese und Einzigkeit des Schöpfergottes Atum s. Bickel, 1994, 35–38). Auch Aton ist in diesem Sinne »einzig« (Z. 154), ein »Gott, der sich selbst formte« (*Kleiner Hymnus*, Z. 24). In Amarna besitzt diese Einzigartigkeit jedoch starke Tendenzen zur Radikalisierung, zur Auffassung des Sonnengottes als absolute Größe, wie sie am deutlichsten in den Gräbern des Huja, des Iahmes und des Merire formuliert ist: »Lebender Aton, *außer dem es keinen anderen gibt!*« (Sandman, 1938, 7:7–8). Sogar vom König selbst wird in Amarna in ganz ähnlicher Weise gesprochen: »Preist den König, der einzig ist wie Aton, *es gibt kei-*

nen anderen Großen außer ihm!« (Sandman, 1938, 99:16). In Analogie zur absoluten Größe des Gottes geht es hier um die absolute Größe des Königs, neben dem es keinen Größeren gibt, nicht jedoch um die Frage der Existenz anderer Fürsten oder Könige! Entsprechend dürfte sich auch die Aussage über Aton weniger auf die Existenz anderer Götter, als vielmehr auf seine absolute Position als Schöpfergott beziehen. Zwei spätere Hymnen aus der 19. Dynastie (um 1290–1185 v. Chr.) unterstreichen diese Annahme. Vom Gott Osiris wird in seiner Rolle als Schöpfergott gesagt: »Zu dir kommt alle Welt auf eine Weise, du bist ihr Herr, *außer dem es keinen anderen gibt.* Dieses alles, es gehört dir!« (Zandee, 1992, 979–980), und vom Gott Amun: »Du bist der Einzige des Himmels, die Erde ist gegründet unter dir, *es gibt keinen anderen außer dir!«* (Zandee, 1992, 1096). Der vorderhand absolutistische Gedanke, dass es außer dem Schöpfergott keinen anderen Gott gibt, bezieht sich offenbar auf die Situation der Urzeit, als der Gott sich selbst und das Universum völlig allein und ohne Mithilfe Dritter geschaffen hat. Mithin fehlt in Amarna also eine textliche Evidenz für einen »Monotheismus reinster Prägung«, wie ihn Assmann (1993), 26, postuliert. Jüngere Forschungen zeigen zudem, dass Echnaton beispielsweise im Totentempel seines Vaters Amenophis' III. in Kom el-Hetan Darstellungen des Gottes Amun nicht nur durch Darstellung seines Vaters, sondern auch durch Darstellungen der traditionellen Götter wie Ptah oder Ptah-Sokar-Osiris ersetzen ließ (Krauss, 2000, 95), also die Existenz anderer Götter zum Zeitpunkt des »Angriffs« auf den Gott Amun nicht generell geleugnet wurde. Gemeinhin wird jedoch die alleinige Verehrung des Sonnengottes durch den König sowie die erstmals in Amarna formulierte These des »es gibt keinen anderen außer ihm« als Indikator eines »Monotheismus« gewertet (siehe dazu Hornung, 1980).

107 *Du erschaffst die Erde nach deinem Wunsch:* Die Schöpferqualität gehört zu den wichtigsten Aspekten des Gottes überhaupt und ist fester Bestandteil aller Sonnenhymnen. Im *Großen Hymnus* nimmt das Thema Schöpfung den bei weitem breitesten Raum ein (Z. 84–168), und auch im *Kleinen Hymnus* ist es von zentraler Bedeutung (Z. 24–30). Die Ägypter unterschieden zwei grundsätzliche Arten der Schöpfung; zum einen die Urschöpfung am Beginn der Zeit, die einmalig den Kosmos mit all

seinen Geschöpfen – einschließlich der Götterwelt – in Gang setzte, sowie die zyklische Neuschöpfung der Welt bei Sonnenaufgang. In Bezug auf die uranfängliche Schöpfung, das »Erste Mal«, existierten verschiedene Schöpfungsmythen mit unterschiedlichen Schöpfergottheiten nebeneinander – in Heliopolis verehrte man den aus sich selbst entstandenen Urgott Atum, der durch Masturbation, Spucken und Niesen das erste Götterpaar Schu (Luft) und Tefnut (Feuchtigkeit) hervorbrachte, von dem wiederum das Götterpaar Nut (Himmel) und Geb (Erde) abstammte, in Memphis war es der Schöpfergott Ptah, der alle Dinge erschuf, indem er sie bei ihrem Namen nannte, und auf der Nilinsel Elephantine formte der Kataraktgott Chnum die ersten Menschen aus Ton auf einer Töpferscheibe. Die unterschiedlichen Auffassungen der Schöpfung standen dabei zu keiner Zeit in Widerspruch zueinander, sondern ergänzten sich zu einem komplexen und vielschichtigen Erklärungsmodell des Kosmos und seiner Existenz. Grundsätzlich konnte jeder Lokalgott als Schöpfergottheit verehrt werden, wenngleich der Sonnengott seit frühester Zeit als *der* Schöpfergott per se galt. Konsequenterweise besitzt daher auch Aton alle Qualitäten eines Urgottes als »Erhabener Gott des Ersten Mals« (Brunner, 1971, 13 f.), der die uranfängliche Schöpfung initiierte: »Du bist einer, der schuf, als nichts existierte; einer, der dieses alles geschaffen hat, indem es hervorgegangen ist aus deinem Mund« (Sandman, 1938, 46:15). Die uranfängliche Schöpfung durch einen Sprechakt erinnert stark an jüngere biblische Vorstellungen, besonders an den Genesis-Bericht und den Logos-Begriff des Johannes-Evangeliums: »Am Anfang war das Wort, und das Wort war bei Gott, und Gott war das Wort« (Joh. 1,1). Der ägyptische Sonnengott steht als Schöpfer aber nicht nur am Beginn der Welt, sondern bleibt auch danach fortwährend mit seiner Schöpfung verbunden, die für ihr Fortbestehen in ständiger Abhängigkeit auf ihn angewiesen ist. Mit jedem Sonnenaufgang setzt der Sonnengott in permanenter *creatio continua* die Schöpfung neu in Kraft. Sein Aufgehen am Morgen, sein Strahlen am Himmel während des Tages und sein Untergehen am Abend waren dabei sichtbare Symbole für die zyklische Natur des Schöpfers (Shaw/Nicholson, 1998, 268). Der verwendeten Verbform nach geht es im vorliegenden Vers um genau diese zyklische Neuschöpfung der Welt bei Sonnenaufgang, nicht um den einmaligen, initialen

Schöpfungsvorgang am Beginn der Zeit (s. dazu auch Anm. zu Z. 151).

107–111 Nach den poetischen und ausführlichen Schilderungen der Entstehung menschlichen (Z. 84–93) und tierischen (Z. 94–102) Lebens durch den Sonnengott wird dessen Schöpferqualität nochmals summarisch vorgestellt: Er »erschafft« die Welt (wörtl. ›das Land‹) zyklisch jeden Morgen neu – und zwar nach seinem Wunsch und ganz allein – mit den Menschen, dem Vieh, dem Wild, kurzum mit allem, was auf Beinen läuft oder mit Flügeln fliegt. Die Aufzählung folgt dabei der gleichen hierarchischen Ordnung wie im *Kleinen Hymnus* (s. Anm. zu Z. 24–28 *Kleiner Hymnus*).

112–113 *Syrien und Nubien, die zu Ägypten gehören:* Einhellig folgten alle bisherigen Übersetzer dem Vorschlag der Textausgabe von Sandman (1938), 94, die an dieser Stelle eine Verschreibung des Zeichens für »Land« annahm, und übersetzten »Syrien und Nubien und das Land Ägypten«. Westendorf (1990), 406, wies jedoch zu Recht auf die Problematik einer solchen Annahme hin. Zum einen widerspricht die Position Ägyptens an letzter Stelle einer Aufzählung ideologisch der auch in Amarna unumschränkten Vormachtstellung des Landes, zum anderen passt sie inhaltlich nicht in den Abschnitt, der das Wirken des Sonnengottes in den angrenzenden Gebieten zum Gegenstand hat. Es geht im Folgenden nicht um die Bedürfnisse eines jeden einzelnen, sondern konkret um die Bedürfnisse der Fremdlandbewohner; auch ihnen wird die ordnende Fürsorge Atons in Gestalt des Königs zuteil, an den sich die ausländischen Fürsten in der erhaltenen diplomatischen Keilschrift-Korrespondenz flehentlich wenden (für eine Übersetzung der sogenannten *Amarna-Briefe* siehe Moran, 1992). »Die ganze Erde erzittert vor dir: Syrien und Nubien und alle Länder! Ihre Arme sind dir zugewandt in Lobpreis für deinen Ka, sie erbitten Leben in Demut und flehen ›Sei uns gnädig!‹« (Sandman, 1938, 81:11–13). Ähnlich euphorisch wie der Königssekretär Tutu preisen die Beamten Huja, Iahmes und Merire ihren König: »Süden wie Norden, Westen und Osten, selbst die Inseln inmitten des Meeres sind in Jubel für seinen Ka. Seine südliche Grenze reicht bis zum Wehen des Windes, seine nördliche bis zum Leuchten der Sonne!« (Reiche, 1998, 131). Bereits Echnatons Vater Amenophis III. wird im Text der sogenannten »Hochzeits-Skarabäen« als »Starker König« bezeichnet, »dessen südliche Landesgrenze bis Keri (= Nubien) und dessen nördliche Landesgrenze bis Naharina (= Syrien) reicht« (Blankenberg-Van Delden, 1969, 16). Auch im *Sonnenhymnus* wird die Zugehörigkeit dieser Länder zu Ägypten ausdrücklich betont.

115 *und sorgst für seinen Unterhalt:* Wörtl. ›du sorgst für ihren (= der Fremdlandbewohner) Unterhalt‹; im Deutschen Änderung des Pronomens zur Vermeidung eines unklaren Rückbezugs.

117 *⟨du⟩ berechnest seine Lebenszeit:* Dieser und die vorangegangenen Verse bedienen sich in Bezug auf die Fremdlandbewohner einer Art »Verwaltungsjargon«: wie in einer straffen Administration wird jeder »an seinen Platz gesetzt«, für seinen »Unterhalt« wird gesorgt (die Ägypter betrieben eine in weiten Teilen staatlich kontrollierte Naturalwirtschaft), und nach Art eines Verwaltungsbeamten »berechnet« der Sonnengott die Lebenszeit eines jeden einzelnen (s. auch Anm. zu Z. 182 f.).

118–121: Der Abschnitt betont die ethnische Vielfalt der Fremdlandbewohner. Sie sprechen verschiedene Sprachen, sie unterscheiden sich in ihrem Charakter und in ihrer Hautfarbe. Interessant ist in diesem Zusammenhang die Wortfolge; die Begriffe »Sprechen« und »Wesensart« folgen im Ägyptischen unmittelbar aufeinander und lassen erkennen, dass Sprechen und Charakter in der Vorstellung der alten Ägypter buchstäblich dicht beieinander lagen – »Die Standwaage der Menschen ist ihre Zunge« sagt der »redekundige Oasenmann« (eine Übersetzung der Erzählung bei Hornung, 1996, 9–27) und meint damit, dass sich der Charakter eines Menschen am besten nach seinen Reden beurteilen lässt.

122 *Du schaffst den Nil in der Tiefe:* Das hier mit »Tiefe« übersetzte ägyptische Wort *duat* hat die Grundbedeutung ›Unterwelt‹ und bezeichnet eine jenseitig-transzendente Gegenwelt zum Diesseits, bevölkert von allerlei Geistwesen und Dämonen, aber auch von Verstorbenen und Göttern. Nach der traditionellen Kosmologie taucht der Sonnengott mit seinem Gefolge während der Nacht in diese Gegenwelt ein, um sie zu durchqueren und den dortigen Lebewesen Licht und Leben zu spenden. Im Mittelpunkt dieser »Nachtfahrt der Sonne« (siehe Hornung, 1991) steht die Regeneration des Sonnengottes und dessen geheimnisvolle Einswerdung mit dem Unterweltsgott Osiris (die früheste bildliche Darstellung dieser Einswerdung stammt aus

dem Grab des Tutanchamun; vgl. Darnell, 2004, 36–162). Die *duat* wird dabei nicht nur als Unterwelt und Erdtiefe gesehen, sondern ebenso als Ort des Urgewässers Nun, als Finsternis und als Himmelstiefe (Hornung, 1997, 38). In diesem Sinn dürfte das Wort auch hier gebraucht sein; weniger als Bezeichnung für eine Unterwelt, über deren Beschaffenheit und Existenz die Amarna-Texte beharrlich schweigen, sondern als Synonym für die mit dem Urwasser angefüllte Tiefe, aus der heraus der Nil an die Oberfläche steigt (Z. 143). Für die Bedeutung von *duat* als »Tiefe« siehe auch Hannig (1995), 972, »Das Wasser in der Tiefe«.

124 *Untertanen:* Die genaue Bedeutung des mit »Untertanen« übersetzten ägyptischen Wortes *rechyt* ist unklar; wegen des Kiebitz-Zeichens am Wortende auch als ›Kiebitzvolk‹ übersetzt, war es ursprünglich wohl eine Bezeichnung für die besiegten Einwohner Nordägyptens während der Reichseinigungszeit (um 3100 v. Chr.). Das Wort scheint dann im Laufe der Zeit eine ambivalente Bedeutung angenommen zu haben; je nach Kontext konnte es sowohl rebellierende Gegner als auch die loyalen Untertanen des Königs bezeichnen (siehe Kootz, 2006, 156–158). Häufig wurde der Begriff *rechyt* durch den Begriff *pat* komplementiert, mit dem wahrscheinlich die Sieger der Reichseinigungszeit, später dann die gesellschaftliche Oberschicht Ägyptens gemeint ist: »Die Noblen (*pat*) jubeln bei seinem Anblick, die Untertanen (*rechyt*) huldigen ihm« heißt es beispielsweise über den König in seiner Rolle als Sonnenpriester (Assmann, 1970, 22).

126 *Du bist ihrer aller Herr:* Für die Lesung »du« ist eine fehlerhafte Schreibung im Original anzunehmen; anders Grandet (1995), 113, und Mathieu (2005), 112, die ohne zu emendieren »für dich« lesen: »... um die Untertanen leben zu lassen, ganz so, wie du sie *für dich* geschaffen hast.« Die Betitelung des Sonnengottes als »Herr« (s. auch Z. 128 und Anm. zu Z. 9) entspricht seiner dogmatischen Position als Königsgott, wie sie besonders durch den in Kartuschen gefassten Gottesnamen und die offizielle »Titulatur« des Gottes zum Ausdruck kommt (s. Anm. zu Z. 2–5). Konkret ist die Herrschaft des Sonnengottes hier auf die zuvor genannten »Untertanen« bezogen (Z. 124), deren Existenz ganz unmittelbar von ihrem »Herrn« abhängt, der für sie sorgt, indem er sich um die »Lebensader Ägyptens«, den Nil, kümmert.

127 *der sich mit ihnen abmüht:* Die Grundbedeutung des hier mit »abmüht« wiedergegebenen Wortes ist ›müde sein, ermüden‹. Dass der Sonnengott an seiner Schöpfung ermüdet, wird besonders eindrücklich im sogenannten *Buch von der Himmelskuh* geschildert (eine Übersetzung der Erzählung gibt Brunner-Traut, 1991, 107–113; weiterführende Angaben bei Hornung, 1997, 107–111): Als Götter und Menschen noch zusammen auf der Erde lebten, planten die Menschen eine Rebellion gegen den Königsgott Re (vgl. in diesem Zusammenhang die Ambivalenz des Begriffs »Untertanen«, Anm. zu Z. 124), »denn Seine Majestät war alt geworden«. Als der Gott davon erfuhr, beschloss er im Götterrat die Vernichtung der Menschheit durch sein Auge in Gestalt der Göttin Hathor beziehungsweise Sachmet. Zwar bereute der Sonnengott später seinen Entschluss und verhinderte die völlige Auslöschung der Menschheit durch eine List, doch zog er sich resigniert von der Erde auf dem Rücken der Himmelskuh in den Himmel zurück: »So wahr ich lebe, mein Herz ist allzu müde, mit ihnen (= den Menschen) zusammen zu sein.« Der erstmals aus der Zeit des Tutanchamun belegte Mythos beschreibt unverhohlen die für den Sonnengott kräftezehrende Schöpfung der Welt: »Mein Leib ist schlaff wie in der Urzeit, und ich kann nicht mehr aufkommen gegen einen, der mich angreift.« Dass der morgendliche Sonnenaufgang und die damit verbundene »Neuschöpfung der Welt« (s. Anm. zu Z. 107) einen enormen Kraftakt darstellt, wird auch in der unmittelbaren Voramarnazeit thematisiert; so preisen Suti und Hor den Sonnengott als »Chepri (= Gestalt des Sonnengottes am Morgen), der sich abmüht mit der Arbeit (= Schöpfung)« (Fecht, 1967, 28). Nicht zuletzt wegen dieser anstrengenden »Arbeit« altert der Sonnengott im Tagesverlauf und bedarf der Erholung und Regeneration während der Nacht, um dann am nächsten Morgen verjüngt und dynamisch erneut in den Schöpfungsprozess einzutreten. Das Motiv einer kräftezehrenden Schöpfung, in deren Folge sich der Schöpfer zunächst erholen muss, ist religionsgeschichtlich interessant; siehe 1. Mos. 2,2 und 1. Mos. 6,5–7.

130 *Sonne des Tages:* Die Formulierung ist im Neuen Reich eine gängige Umschreibung für die sichtbare Erscheinungsform des Sonnengottes. So wünscht sich der »Vorsteher der Scheunenverwaltung« namens Nacht-Min aus der Zeit Thutmosis' III. (um 1479–1425 v. Chr.), aus seinem Grab treten zu können, »um die

Sonne des Tages zu sehen« (Sethe, 1927, 1183), wobei das Determinativ (Bedeutungszeichen) hinter dem Wort für »Sonne« zeigt, dass hier mit »Sonne« der Sonnengott gemeint ist. In der unmittelbaren Voramarnazeit wird der Gott Re-Harachte verehrt als »Sonne des Tages, die die Menschheit erschafft, die ihr Leben erzeugt!« (Fecht, 1967, 26). Das Gegenstück zur »Sonne des Tages« ist die »Sonne der Nacht«, wie ein magischer Papyrus der Ramessidenzeit den Mondgott tituliert (Gardiner, 1935, 70). Als »Nachtsonne« wird der Mond schon in den Sargtexten des Mittleren Reiches vorgestellt, genauer als »jener Re, der in der Nacht leuchtet« (Hornung, 1956, 82). In besonderer Weise bringen die Goldringe des sogenannten »Diebesbündels« aus dem Grab des Tutanchamun die enge Verbindung von Sonnenlauf und Mond zum Ausdruck, die für die Regeneration des verstorbenen Königs von zentraler Bedeutung war (siehe Schulz, 2002). In Amarna fehlen jedoch konsequent jegliche Hinweise auf diesbezügliche Vorstellungen einer nächtlichen Entsprechung zur »Sonne des Tages«.

131 *erhaben an Majestät:* Das mit »Majestät« übersetzte Wort *schefyt* hat die Bedeutung ›majestätische Erscheinung, Aura, Ansehen, Ausstrahlung, Renommee‹ (Hannig, 2003, 1298) und umschreibt zum einen Atons majestätische Erscheinung als »Sonne des Tages«, zum anderen sein großes Ansehen, das er im Zuge seiner Bemühungen um die Schöpfung und den allmorgendlichen Sonnenaufgang genießt – »Wir geben dir Lobpreis, weil du dich mit uns abmühst«, begründen die Geschöpfe ihre Verehrung für den Gott Amun-Re im Kairener Amunshymnus (Luiselli, 2004, 25).

132 *Fremdlandbewohner:* Die Orthographie des Wortes im Original ist ungewöhnlich; parallel zu »Untertanen« in Z. 124 nehme ich eine verkürzte Schreibung des Wortes für »Fremdlandbewohner, Ausländer« im Plural an, obwohl das nachfolgende Partizip grammatisch eher für eine korrupte Schreibung von »Fremdländer« spricht (so auch alle bisherigen Übersetzungen). In der Weise, wie der Sonnengott seine »Untertanen« in Ägypten durch den »irdischen« Nil leben lässt, hält er die in der Ferne befindlichen Fremdlandbewohner durch den »himmlischen« Nil am Leben.

134 *du hast einen Nil an den Himmel gesetzt:* Das Motiv eines »Nil am Himmel«, der in Form von Regen auf die Erde nieder-

fällt, taucht schon vor Amarna in hymnischen Texten auf und kommt auch in späterer Zeit weiterhin vor. Es sind vor allem die Schöpfergottheiten Amun, Re und Ptah, denen die Angelegenheit eines »himmlischen Nil« obliegt. Manche Hymnen beschreiben den Regen dabei als »Schweiß« des Gottes, der auf die Erde tropft: »Jauchzen dir, Amun-Re! Himmelsfeuchte, die die Äcker benetzt und die Pflanzen wachsen lässt, die Blumen sprießen durch den Ausfluss seines Leibes!« (Assmann, 1999, 288).

136 *damit er auf den Bergen Wellen schlägt wie das Meer:* Die Verbindung von Bergen und himmlischem Nil, dem Regen, begegnet häufiger in den entsprechenden Hymnen und geht wohl auf die periodisch auch in Ägypten stattfindenden Niederschläge zurück; bei starken Regenfällen sammelt sich das Wasser in den dortigen Gebirgsausläufern der Wüste und stürzt durch die Wadis, steile Schluchten im Fels, mit teils sintflutartiger Wucht Richtung Niltal. In der Antike waren derartige Niederschläge, die noch heute größere Schäden verursachen können, nicht selten von verheerendem Ausmaß (Bickel, 2003a, 192) und mögen durchaus den Vergleich mit tosenden Wellen des Meeres angeregt haben. Auch in Psalm 104,10 und 13 sind Berge und Regenwasser miteinander verbunden.

137 *um ihre Felder zu bewässern, indem (er) sie berührt:* Es geht um die Bewässerung der Felder durch den »Nil am Himmel«, den Regen. Umstritten ist die Bedeutung des letzten Wortes; einige Übersetzer lesen ›um ihre Felder zu bewässern in ihren Ortschaften‹, andere ›um ihre Felder zu bewässern, wie es ihnen zukommt‹. Gegen die Lesung ›Ort‹ spricht das fehlende Determinativ, gegen eine Lesung ›wie es ihnen zukommt‹ der Sinn der Aussage, denn es dürfte kaum um einen quasi »juristischen Rechtsanspruch« der Fremdlandbewohner auf angemessene Bewässerung gehen, die der Sonnengott zu gewährleisten hat. Mit Grandet (1995), 147, lese ich stattdessen ›berühren, treffen auf‹, was an dieser Stelle einen guten Sinn ergibt und der bildhaften Sprache des Hymnus entspricht; die Felder werden bewässert, indem der »Nil am Himmel« als Regen niederfällt und mittels seiner Tropfen die Erde »berührt«. Ähnlich metaphorisch wird beispielsweise in Z. 36 geschildert, wie der Sonnengott mittels seiner Strahlen die Länder »umfängt«.

139 *Herr der Ewigkeit:* Das Ägyptische kennt zwei Ausdrücke für ›unendliche Zeitfülle‹, *neheh* und *djet*. Das Wort *neheh* bezeich-

net einen Ewigkeitsbegriff der permanenten Wiederkehr, der »zyklischen Perpetuität«, *djet* dagegen eine kontinuierlich andauernde Ewigkeit, eine »lineare Permanenz« (Assmann, 1977, 48). Zur Unterscheidung im Deutschen wird *neheh* häufig pragmatisch mit ›Ewigkeit‹ und *djet* mit ›Unendlichkeit‹ übersetzt. Religiöse Texte assoziieren Ewigkeit (*neheh*) mit dem Gott Re, dem Tag, dem Morgen und Unendlichkeit (*djet*) mit dem Unterweltsgott Osiris, der Nacht, dem Gestern. »Was die Ewigkeit (*neheh*) betrifft – das ist der Tag. Was die Unendlichkeit (*djet*) betrifft – das ist die Nacht«, lautet eine Erklärung im *Totenbuch*, Spruch 17 (Hornung, 1979, 62). Der Unterweltsgott Osiris vertritt dabei den Aspekt des Gestern, der unendlichen Vergangenheit, der Sonnengott Re hingegen den Aspekt des ewigen, weil jeden Morgen neu beginnenden Heute. »Herr der Ewigkeit« ist daher ein geläufiger Beiname des Sonnengottes Re, wie »Herrscher der Unendlichkeit« häufiger Beiname des Osiris ist. Dass dieser zugleich »Herr der Ewigkeit« sein kann, ist dabei kein Widerspruch, sondern liegt im komplementären Denken der Ägypter begründet. »Es ist Re, der in Osiris ruht, und Osiris ist es, der in Re ruht«, lautet die Umschreibung der geheimnisvollen Einswerdung der beiden Götter in der sechsten Stunde der Nacht, bei der Re und Osiris temporär für die Dauer von Regeneration und Neugeburt in einem Körper vereint sind (Wettengel, 2003, 204–209). Beide Götter haben so gemeinsam Anteil an der Entstehung der Zeit – der Sonnengott als aktiver Generator und Neuschöpfer, der Totengott als passiver Ruhepol und Garant der Kontinuität. In diesem Sinne steht der Sonnengott Re für alle dynamischen Prozesse, für Entstehung und Wandel, der Totengott Osiris für alle statischen Zustände, für Dauer und Beständigkeit. Wegen seines ausgesprochen vergangenheitsbezogenen Aspektes verkörpert Osiris zugleich den verstorbenen Pharao und fungiert als oberster Richter im Totenreich, der über die Taten der Verstorbenen urteilt, die diese zu Lebzeiten begangen haben. Vom Sonnengott Re erhofft sich der Verstorbene dann eine ewige Existenz im Jenseits. In Amarna tritt dieses Osiris-Konzept zugunsten des Sonnengottes Aton jedoch völlig in den Hintergrund; jüngere Forschungen legen allerdings die Vermutung nahe, dass Echnaton selbst schrittweise schon zu Lebzeiten immer mehr Aspekte des Osiris auf sich vereinte und schließlich ganz an die Stelle des Totengottes trat (Grimm/Schlögl, 2005,

7–30). Für Lebende wie Verstorbene blieb aber der Sonnengott auch in Amarna Garant der »ewigen« Zeit, die zugleich sein Abbild war (Z. 68 *Kleiner Hymnus*) und die er selbst verkörperte: »Du bist die Ewigkeit«, preist ihn der Beamte Tutu in seinem Grab (Sandman, 1938, 71:7).

141 *er ist gedacht für:* Abgekürzte Schreibung des Verbs ›denken, planen‹ (siehe Westendorf, 1990, 407).

144 *(er ist gedacht) für:* Parallelismus membrorum zu Z. 141.
das Land Ägypten: Umschreibung für ägyptisch *ta-meri*, eine ab dem Neuen Reich häufigere Bezeichnung für Ägypten, deren genaue Bedeutung unklar ist. Im Unterschied zu der älteren Bezeichnung *kemet* (wörtl. ›das Schwarze Land‹) für Ägypten (Z. 113), die auf den dunklen, fruchtbaren Nilschlamm anspielt, den die Nilüberschwemmung alljährlich auf die Felder spülte, scheint es sich bei *ta-meri* weniger um eine geographische oder politische als vielmehr um eine abstrakte Benennung zu handeln, vielleicht im Sinne von ›Heimatland‹ oder ähnlich.

145 *deine Strahlen säugen alle Pflanzen:* Der bildhafte Ausdruck greift die Idee vom Sonnengott als »Amme« (Z. 88) wieder auf; im *Kleinen Hymnus* ist Aton »Mutter und Vater« für all sein Geschaffenes (Z. 30 *Kleiner Hymnus*).

147 *du bewirkst die Jahreszeiten:* Die Ägypter unterschieden in ihrem Kalendersystem drei Jahreszeiten: eine *achet*-Jahreszeit (Zeit der Überschwemmung), eine *peret*-Jahreszeit (Zeit der Aussaat, ›Winter‹) und eine *schemu*-Jahreszeit (Zeit der Ernte, ›Sommer‹) von je vier Monaten à 30 Tagen Dauer. Zusammen mit fünf weiteren, jeweils am Ende eines Jahres eingefügten Tagen, den sogenannten Epagomenen, umfasste das ägyptische Kalenderjahr exakt 365 Tage. Die drei Jahreszeiten waren schon früh aufs engste mit dem Sonnengott Re verbunden; so zeigen die berühmten »Jahreszeitenreliefs« aus dem Sonnenheiligtum des Königs Niuserre (um 2445–2414 v. Chr.) großformatige Darstellungen der personifizierten Jahreszeiten, denen weitere Bildzyklen mit thematisch abgestimmten Motiven zugeordnet sind, beispielsweise Honigproduktion, Vogelfang oder Schafzucht während der *achet*-Jahreszeit (Edel/Wenig, 1974, Taf. 9).

148 *um all dein Geschaffenes entstehen zu lassen:* Der mit »entstehen lassen« übersetzte Begriff umfasst ein breites Spektrum an Bedeutungen; ›sorgen für‹, ›aufziehen‹ oder ›entwickeln lassen‹ sind weitere Übertragungsmöglichkeiten. Westendorf (1990),

407, hat eine Interpretation der Stelle im Sinne eines periodisch stattfindenden Umwandlungsprozesses der geschaffenen Natur vorgeschlagen, der durch die Jahreszeiten in Gang gehalten wird.

149 *Winterzeit:* Wörtl. ›*peret*-Jahreszeit‹ (s. Anm. zu Z. 147).

150 *die Sommerhitze, (damit) sie dich spüren:* Anders als in Z. 149 wird hier keine kalendarische Jahreszeiten-Bezeichnung verwendet, sondern der drastischere Begriff ›Gluthauch, Hitze‹ (die Ergänzung »damit« analog zum vorherigen Vers). Das nachfolgende, mit ›spüren‹ übersetzte Wort hat die Grundbedeutung ›schmecken‹ und ist – wie die gesamte Passage – heute im Original zerstört. Bereits zum Zeitpunkt der ersten Abschrift war die Stelle teilweise beschädigt und lässt sich nicht mit letzter Sicherheit rekonstruieren.

151 *Du hast den fernen Himmel geschaffen:* Während die Erde allmorgendlich dem Prozess der zyklischen Neuschöpfung und damit einem andauernden Werden und Vergehen unterworfen ist (s. Anm. zu Z. 107 und Z. 127), bleibt der Himmel von dieser zyklischen Neuschöpfung ausgenommen. Einmalig in der Urzeit geschaffen, dient er dem Sonnengott seither als entfernter Aufenthaltsort, von dem aus er seine Schöpfung betrachten kann. Die hier verwendete Verbform unterstreicht diesen Sachverhalt; während das Erschaffen der Welt (Z. 107), des Nil (Z. 122), der Jahreszeiten (Z. 147), der »Millionen von Gestalten« (Z. 159) jeweils die progressive Form des Verbs zeigt, also eine andauernde oder stetig wiederkehrende Handlung indiziert, ist das Erschaffen des Himmels mit der perfektiven Form gebildet, die eine einmalige, abgeschlossene Handlung zum Ausdruck bringt.

151–153 Wörtliche Parallele im *Kleinen Hymnus*, Z. 69–71.

154 *Du bist einzig:* s. Anm. zu Z. 105.

156 *in deiner Gestalt als Lebende Sonne:* Wichtige Passage zum Verständnis der Bezeichnung »Lebende Sonne« (vgl. Z. 7); sie spielt offenbar auf die »Gestalt« (*cheperu*), die äußere Erscheinungsform des Gottes als Himmelskörper, an. Im Gegensatz zur traditionellen Sonnentheologie mit ihrem vielgestaltigen Sonnengott – Cheper am Morgen, Re am Mittag, Atum am Abend – besitzt der Sonnengott von Amarna nur eine Gestalt, nämlich diejenige als »Lebende Sonne«, von der sämtliche Wirkungsweisen ausgehen, die die Welt beleben (Reiche, 1998, 149).

157 *erschienen:* Das mit ›erscheinen‹ übersetzte Wort hat die Nebenbedeutung ›glänzen‹.

158 *entfernt und nah (zugleich):* Das bereits zu Anfang (Z. 40 f.) formulierte Paradoxon eines entfernten und zugleich nahen Sonnengottes wird hier nochmals in leicht veränderter Form wiederholt. Mit dem vorherigen Vers (Z. 157) ergeben sich somit vier Gründe für die Einmaligkeit Atons in seiner Gestalt als Himmelskörper: Er ist erschienen, er ist leuchtend, er ist entfernt und er ist nah. Eine auch grammatisch (Pseudopartizip-Konstruktion) ganz ähnliche Aufzählung von Eigenschaften findet sich am Anfang des Hymnus (Z. 33–35).

159 *Du schaffst Millionen von Gestalten aus dir allein:* Der Vers berührt das komplexe Thema »Der Eine und die Vielen« (Hornung, 2005) sowie das Verhältnis des Schöpfergottes zu seiner Schöpfung. Aus sich selbst entstanden (s. Anm. zu Z. 107), ist der Schöpfergott zunächst völlig allein – weder gibt es andere Götter bei ihm, noch existiert ein Kosmos. In dieser Situation setzt der Gott die Schöpfung durch Differenzierung in Kraft – aus dem »Einen« entstehen, je nach Mythos auf unterschiedliche Weise, die »Vielen«. »Der Eine, der sich zu Millionen gemacht hat« ist daher im Neuen Reich eine gängige Bezeichnung für den Ur- und Schöpfergott, die dieses Phänomen treffend zum Ausdruck bringt (Hornung, 2005, 180). Die Götter sind dabei ebenso Geschöpfe des einen Urgottes wie Menschen, Tiere, Pflanzen usw. Sie alle verdanken ihre Existenz dem Einen, »dessen Leib aus Millionen besteht«, wie es ein ramessidischer Hymnus an den Gott Amun formuliert (Zandee, 1992, 1087). Inwieweit solche Formulierungen eine Identität von Gott und Welt im Sinne eines Pantheismus zum Ausdruck bringen, wird unterschiedlich beantwortet; Zandee (1992), 170 f., betont, dass der Schöpfer das Seiende als etwas erschafft, das von ihm unterschieden sei, dass also ein prinzipieller Unterschied zwischen Schöpfer und Geschöpfen besteht, die sich auf ungleicher Ebene befänden. Dagegen argumentiert Assmann (1994), 102 f., dass der Schöpfer sich in die Welt hinein verkörpere und sie von innen erfüllt und beseelt; die millionenfältige Wirklichkeit der Welt sei eine Inkarnation Gottes. In Amarna gelten in gewisser Weise beide Prinzipien; der Sonnengott ist außerhalb der Welt, wenn er am fernen Himmel aufgeht, »um all sein Geschaffenes zu sehen« (Z. 153 und Z. 71 *Kleiner Hymnus*), zugleich ist er

aber mit seinen Lichtstrahlen in der Welt zugegen (Z. 36 und Z. 41) und als Himmelskörper immanenter Teil seiner eigenen Schöpfung (s. auch Anm. zu Z. 40–43).

160 *Städte, Dörfer und Felder, Straßen und Flüsse:* Die Aufzählung illustriert offenbar die »Millionen von Gestalten«, die der Sonnengott aus sich allein schafft (Z. 159). Erstaunlicherweise werden in diesem Zusammenhang aber nicht Menschen, Tiere oder Pflanzen als »Gestalten« erwähnt, sondern deren Lebensräume: Städte als urbaner Lebensraum, Dörfer und Felder als ländlicher Lebensraum, Straßen und Flüsse (im Original generischer Singular) als Verbindung zwischen den verschiedenen Lebensräumen. Damit erweitert sich der Schöpfungsbegriff über die Natur hinaus auch auf die von Menschenhand geschaffenen Lebensräume, die in Ägypten ideologisch in letzter Konsequenz immer auch als vom König geschaffene Lebensräume zu verstehen sind, der damit selbst als »irdischer Re« in die Rolle des Schöpfers schlüpft. Spätere Texte verstehen unter den »Millionen«, die der »Eine« schafft, vornehmlich die Götter, von denen einige wie der Erdgott Geb oder die Himmelsgöttin Nut immanenter Bestandteil der Schöpfung sind. In Amarna wird jeder Bezug auf diesen Aspekt der Schöpfung strikt vermieden.

162–168 Die Passage gehört zu den schwierigsten des gesamten Hymnus. Die hier gegebene Übersetzung versucht, dem Text eine sinnvolle Bedeutung abzugewinnen, ohne dabei größere Korrekturen vornehmen zu müssen. Für Hinweise danke ich besonders Erhart Graefe und Rainer Hannig.

162 *und zwar ganz genau (?):* Alle bisherigen Übersetzer gingen von einem Präpositionalgefüge ›auf gleicher Ebene mit / gegenüber von‹ aus und übertrugen »Alle Augen sehen dich ihnen gegenüber«, was aber inhaltliche Probleme bereitet; die Sonne ist nicht auf gleicher Ebene (s. auch Anm. zu Z. 159) quasi in Augenhöhe den Geschöpfen »gegenüber«, sondern befindet sich hoch »über ihnen« (Z. 163) am Himmel. Zusammen mit dem Verbum für »betrachten« (Z. 161) nehme ich daher eine adverbielle Bedeutung des Begriffs *aqa* im Sinne von ›richtig, genau, akkurat, präzise‹ an (Hannig, 1995, 162).

163 *du als Sonne des Tages über ihnen (?) bist:* Das Ende des Verses ist korrupt. Sandman (1938), 95, nahm eine Verschreibung für ›Land, Erde‹ an: »du bist als Sonne des Tages über der Erde« (s. dagegen Westendorf, 1990, 408). Ich halte eine fehlerhafte

Schreibung des Personalpronomens 3. Pers. pl. ›ihnen‹ für wahrscheinlicher.

164–168 Assmann übersetzt: »Wenn du gegangen bist, dein Auge nicht mehr da ist, das du um ihretwillen geschaffen hast, damit du dich nicht selber siehst als einziges, was du geschaffen hast (?)« (Assmann, 1999, 221). Ägyptische Schöpfungsmythen geben allerdings sonst nie Antwort auf die Frage nach der Intention der Schöpfung – sie fragen nach dem Wie der Weltentstehung, nicht nach dem Warum. Problematisch ist auch die Emendation in »dein Auge«, da die Augen des Sonnengottes in Amarna gewöhnlich im Dual geschrieben sind oder mit dem Spezialbegriff *achet* ›Glanzauge‹ bezeichnet werden: »Der die Beiden Länder mit seinen beiden Glanzaugen erhellt!« (Leitz, 2002, 119).

164 *Du hast dich in Bewegung gesetzt:* Die Verbform vermittelt ein abgeschlossenes Geschehen in der Vergangenheit (s. auch Anm. zu Z. 151); der Sonnengott hat sich einmalig in der Urzeit in Bewegung gesetzt und generiert seither durch seinen ständigen Lauf am Himmel Licht und Zeit.

165 *für die Existenz (?) eines jeden Auges:* Existenz hier vielleicht im Sinne von ›Funktionstüchtigkeit‹: Das Licht der sich über den Himmel bewegenden Sonne bewirkt, dass jedes Auge ›funktioniert‹, d. h. sehen kann. ›Jedes Auge‹ könnte auch pars pro toto für die Lebewesen stehen, die ohne das Sonnenlicht nicht existieren können.

167 f. *so dass du … den Anblick [deines Leibes]. (?):* Die Passage ist am Ende stark zerstört und nicht mit Sicherheit zu ergänzen. Die hier gegebene Übersetzung folgt einem Vorschlag von Erhart Graefe, wonach *tem* nicht als Negation, sondern als Verb ›vollständig machen‹ mit Bezug auf das nachfolgende ›Sehen deines Leibes‹ gebraucht ist: Der Sonnengott erschafft durch sein Licht das Blickfeld der Augen und ermöglicht es so, dass sein ›Leib‹, die Sonne als Himmelskörper, wahrgenommen werden kann.

169 *O alleiniger [Gott]:* Ergänzung von »Gott« nach Grandet (1995), 116 f. Es scheint weder in den Amarna-Hymnen noch in anderen Texten aus Amarna eine auffällige Vermeidung des Begriffs ›Gott‹ zu geben; s. Z. 105 *Großer Hymnus* oder Z. 24 *Kleiner Hymnus*; vgl. aber Assmann (1993), 26, und (1996), 244–245.

170 *⟨mein⟩ Handeln geschieht für dich:* im Ägyptischen Ellipse des Subjekts.

170 f. Zahlreiche Reliefs und Statuen zeigen Echnaton und Nofretete mit Schmuckelementen beziehungsweise »Tätowierungen« des Gottesnamens auf Ober- und Unterarmen sowie auf der Brust (exemplarisch Kat. München, 1976, Kat.-Nr. 11, 12, 13, 18, 19, 20, 46; Aldred, 1973, Kat.-Nr. 4, 5, 8, 14, 18, 20, 25, 27, 28, 116, 118, 164). Im Neuen Reich ließen hohe Beamte als Ausdruck der besonderen Loyalität gegenüber dem König dessen Namen auf Brust und Schultern ihrer Statuen anbringen (exemplarisch Saleh/Sourouzian, 1986, Kat.-Nr. 140, 148, 152), und Kriegsgefangenen wurde der Name des Königs als Besitzzeichen in die Haut geritzt (Graefe, 1971, 71); entsprechend symbolisieren auch die »tätowierten« Gottesnamen auf den Körpern des Herrscherpaares dessen Loyalität und Zugehörigkeit zu Aton. Darüber hinaus dürften die Namenskartuschen auf den Armen das Handeln des Königspaares für und durch den Sonnengott versinnbildlichen (Z. 170), während die Platzierung des Gottesnamens auf der Brust die Präsenz des Gottes im Herzen (Z. 171) andeutet.

171 *du bist in meinem Herzen:* Neben Z. 170 die einzige Stelle im ganzen Hymnus, in der der König als Sprecher (siehe Z. 28) durch das Personalpronomen der 1. Pers. Sg. in Erscheinung tritt. Die Präsenz des Gottes im Herzen Echnatons bewirkt sein Handeln und ist unmittelbarer Grund für die absolute Gotteserkenntnis des Königs (Z. 172–177). Zwar können die Geschöpfe den Sonnengott mit ihren Augen als »Sonne des Tages« sehen (Z. 161–163), aber nur Echnaton hat das verstehende Herz, ihn zu erkennen (Assmann, 1996, 249). Macht und Stärke des Sonnengottes sind fest im Herzen des Königs verankert (Z. 65 f. *Kleiner Hymnus*). Das Herz galt den Ägyptern nicht nur als lebenswichtiges Organ, sondern in metaphorischer Hinsicht vor allem als Sitz von Gefühl und Verstand (siehe Toro Rueda, 2003, 34–38).

172 f. *Es gibt keinen anderen, der dich kennt, außer deinem Sohn:* Ausdruck der exklusiven und singulären Beziehung Echnatons zu »seinem« Gott. Vor allem der Gott Amun war derart geheimnisvoll und unergründlich, dass niemand, selbst die Götter nicht, sein eigentliches Wesen erkennen konnten: »Der sich versteckt, dessen Grenzen nicht erreicht werden, es gibt keinen, der ihn kennt unter seinen Kindern; der seinen Namen verbirgt, der seine Macht verhüllt in dieser seiner Eigenschaft (wörtl. ›Name‹)

als Amun« (Zandee, 1992, 1086 f.). Auch der Sonnengott Re besaß geheime Aspekte, die nur dem König in seiner Rolle als »Sonnenpriester« bekannt waren (s. dazu Assmann, 1970; zum König als Eingeweihten in Geheimwissen Quack, 2002, 97–104). Echnaton nutzte dieses vorhandene Konzept geschickt und fokussierte es auf seine Person; namentlich nur er allein »kennt« den Gott, nur er allein weiß um dessen Absichten und Ziele (Z. 176 f.). Die versammelten Beamten jubeln dem König bei der Gründungszeremonie von Achet-Iten zu: »Du bist ein Herrscher, der Nützliches in Gang bringt, der die Zeitdauer der Ewigkeit kennt. Er (= Aton) ist es schließlich, der (Gedanken) in dein Herz gibt an jedem beliebigen Ort. Er hat nicht jeden König so erhoben wie deine Majestät!« (Murnane / Van Siclen, 1993, 22). Damit proklamierte Echnaton eine Art »Erkenntnismonopol« als alleiniger Mittler zwischen dem Sonnengott und der Welt für sich, das in seinem Absolutheitsanspruch an das Jesuswort »Niemand kommt zum Vater außer durch mich!« (Joh. 14,6) erinnert (Hornung, 1995, 104). Ein weiterer Vergleich – abgesehen von der »Gottessohnschaft« – drängt sich in diesem Zusammenhang auf, nämlich derjenige der »Dreifaltigkeit«. Auch Echnaton bildet zusammen mit seinem himmlischen Vater Aton und seiner Frau Nofretete eine »heilige Trinität«. Zahlreiche private Altarstelen zeigen das Herrscherpaar unter dem Ikon des Strahlenaton, wodurch die Königsfamilie selbst zusammen mit dem Gott Gegenstand der Anbetung durch die »Gläubigen« wird (siehe Abb. 2, S. 112). Der »Erste Diener des Aton im Per-Iten(-Tempel) in Achet-Iten« namens Panehesi preist den König mit den Worten: »Ich gebe Verehrung zur Höhe des Himmels und Lobpreis dem Herrn Beider Länder, der dem Sonnengott dienlich ist, dem Schicksalsgott, der Leben gibt, dem Herrn der Gebote, dem Licht aller Länder, durch dessen Anblick man lebt, dem Nil der ganzen Menschheit, durch dessen Ka man gesättigt ist, dem Gott, der die Beamten schafft und der die Geringen aufbaut, dem Lufthauch einer jeden Nase, durch den man atmet« (Sandman, 1938, 24:5–7). So wie Aton der Gott des ganzen Universums ist, ist Echnaton der Gott eines jeden Einzelnen. Dieser Umstand sollte jedoch nicht darüber hinwegtäuschen, dass sich der Einzelne mit Fürbitten durchaus auch direkt an den Sonnengott wenden konnte: »Wenn du (= Grabherr) zu ihm (= Aton) betest, dann möge er hören, was du sagst!«

(Sandman, 1938, 101:14). Die Fürbitten der Elite galten dabei natürlich in erster Linie dem König: »Gib ihm (= Echnaton) Leben, Heil und Gesundheit, Freude und Jubel ...«; »Lass ihn (= Echnaton) mit dir (= Aton) zusammen sein ewiglich, so wie er es liebt, auf dich zu schauen. Gib ihm sehr viele Sed-Feste in Jahren des Friedens!« (Reiche, 1998, 131). Dennoch scheinen auch private Bitten an den Sonnengott möglich gewesen zu sein, wie der Brief eines »Salbenkochers« aus Amarna namens Ramose an seinen Bruder zeigt, in dem er Aton um das Wohlergehen des Adressaten bittet (Bickel, 2003b, 40). Der eigentliche Götterkult samt Opferritualen blieb in Amarna jedoch alleiniges Vorrecht des Königs und seiner Familie.

176–177 *den du über deine Absichten und über deine Macht im Klaren sein lässt:* Der König kennt nicht nur das Wesen des Sonnengottes (s. Anm. zu Z. 171 f.), sondern auch dessen Absichten und Macht. Daher bedarf es keiner anderweitigen Willensäußerung seitens des Gottes – das Handeln des Königs (Z. 170) geschieht in völliger Übereinstimmung mit dem Willen Atons. Eine Eigenheit vor allem des Gottes Amun war es, dass er seinen Willen direkt durch Orakel verkünden konnte. Die berühmte Königin Hatschepsut (um 1479–1457 v. Chr.) nutzte dieses Konzept geschickt, um sich durch ein Orakel des Amun als weiblicher Pharao zu legitimieren. Derartige Gottesorakel bargen aus Sicht des Königtums jedoch gewisse »Risiken« in sich, wenn der Wille des Gottes nicht mit dem Willen des Königs übereinstimmte oder – wie in der sogenannten Dritten Zwischenzeit (um 1070–750 v. Chr.) geschehen – immer mehr Entscheidungen vom König an den Gott delegiert wurden. Das Konzept eines alleinigen Gottes (Z. 169), der sich allein dem König offenbart (Z. 172), besaß in dieser Hinsicht eine nicht zu unterschätzende machtpolitische Komponente, wurde dadurch doch jegliches Orakelwesen konsequent ausgeschaltet. Aton spricht niemals direkt, sondern immer nur durch den König, »der kundig ist wie Aton« (Sandman, 1938, 60:5 f.). »Du (= Echnaton) bist sein Kind, da du aus ihm hervorgegangen bist, der Einzige des Re, der Re erhebt, der Aton zufriedenstellt, der das Land über den in Kenntnis setzt, der es geschaffen hat. Du erklärst (wörtl. ›erhellst‹) den Untertanen seinen Namen, du führst ihm die Erzeugnisse seiner Strahlen zu« (Sandman, 1938, 81:8–10). Mit »Erzeugnisse« wird hier auf die Vorstellung der

Schöpfung als »Arbeit« angespielt (s. Anm. zu Z. 127); die Geschöpfe werden vom Sonnengott mit seinen Strahlen »erzeugt« und ihm durch den König »zugeführt«. Echnaton ist derjenige, der das Land über den »neuen« Sonnengott unterrichtet, der den Namen des Gottes, d. h. dessen Eigenschaft (s. Anm. zu Z. 2–5), erklärt. Die Erklärungen des Königs dürften den Charakter einer dogmatischen Lehre gehabt haben, die es zu befolgen galt: »(Ihr) alle, die ihm folgt, ihr sollt auf seine Lehre hören!« (Sandman, 1938, 85:16), fordert der Beamte Tutu seine Landsleute auf, und Eje sagt von sich: »Mein Herr hat mich unterrichtet, damit ich nach seiner Lehre handeln möge!« (Sandman, 1938, 92:2 f.). Noch deutlicher wird der General Mai: »Ich bin ein Diener, den er (= Echnaton) erzogen hat, der richtig handelt für den Herrn Beider Länder, der nützlich ist für seinen Herrn, der Wahrheit in meinen Leib gegeben hat, der die Lüge verabscheut!« Die neue theologische Doktrin duldete offenbar keinen Widerspruch: »Bei seinem (= Atons) Aufgehen handelt er mit Autorität gegen den, der seine Lehre ignoriert, während sein Lob demjenigen gilt, der sie kennt« (Sandman, 1938, 86:15 f.). Inwieweit diese Formulierung aber auf tatsächliche Opposition gegen den König oder sogar auf eine Verfolgung eventueller Gegner schließen lässt, ist fraglich; eher wird es sich um eine Variante vom Topos des triumphierenden Sonnengottes handeln (s. Anm. zu Z. 36–39). Die Loyalität gegenüber dem Pharao wurde erstmals in der 12. Dynastie (um 1975–1795 v. Chr.) in Form einer »Loyalistischen Lehre« explizit ausformuliert (Schipper, 1998, 178) und war auch ein halbes Jahrtausend später unter Echnaton noch Thema; zahlreiche Grabinschriften aus Amarna betonen ausdrücklich die Ergebenheit und Treue des Grabherrn gegenüber ihrem König (siehe dazu Assmann, 1980).

178 f. In einer Art Synopse fasst der König in den folgenden Abschnitten noch einmal alle wesentlichen Merkmale des Sonnengottes zusammen, die der Form des Hymnus entsprechend als Lobpreis vorgetragen werden. An erster Stelle steht die Schöpferqualität des Sonnengottes (Z. 178–179), die als zentrales Thema auch das vierte und längste Kapitel des gesamten Hymnus ausmacht. Die Kapitel 1 und 2 werden – in umgekehrter Reihenfolge – auf die griffige Formel »Sonnenaufgang gleich Leben, Sonnenuntergang gleich Tod« gebracht (Z. 180–181). Dass der

Sonnengott durch seine Bewegung am Firmament die Zeit nicht nur hervorbringt, sondern die Lebenszeit selber verkörpert (Z. 182–183), ist Teil seiner Qualitäten als Schöpfer und Versorger, wie sie bereits in den Kapiteln 4 und 5 thematisiert wurden. Die nächsten zwei Abschnitte wiederholen noch einmal die Auswirkungen von Sonnenuntergang (Z. 184–187) und Sonnenaufgang (Z. 188–190), diesmal mit Blick auf die Arbeitsleistungen für den König. In diesem Kontext erscheinen die »Gründung« der Welt und die Belebung ihrer Geschöpfe fast selbst wie eine »Arbeitsleistung« des Sonnengottes für seinen Sohn (Z. 191–193).

180f. Der hohe Beamte Panehesi formuliert in seinem Grab ganz ähnlich: »Es lebt der, der ihn (= Aton) sieht, und es stirbt der, der ihn nicht sieht!« (Sandman, 1938, 23:5). Das gleiche Motiv taucht in Psalm 104,29f. auf.

182f. Der zyklische Sonnenauf- und -untergang bewirkt die Zeit und mit ihr die individuelle Lebenszeit eines jeden einzelnen. »Gepriesen seist du, der die Jahre [erzeugt], der die Monate erschafft, der die Tage erzeugt, der die Stunden berechnet, Herr der Lebenszeit, die von dir berechnet wird! Mögest du deine Lebenszeit als Sonne deinem Sohn gewähren, dem Einzigen des Re!«, betet die Frau des Merire zu Aton (Sandman, 1938, 9:14f.). Der Sonnengott »berechnet« aber nicht nur die Lebenszeit (Z. 117), sondern er verkörpert sie selbst. Assmann (1996), 250, sieht hierin die »große Entdeckung« des Königs. Dass die Welt von der Sonne lebt und vom Licht, das aus ihr hervorgeht, habe man schon vor Echnaton erkannt; dass aber auch die Zeit aus ihr hervorgeht, sei die revolutionierende These, die nun schlechthin alles als Werk der Sonne erklärbar gemacht habe.

184 *Die Augen existieren wegen ⟨deiner⟩ Schönheit:* Wie in Z. 165 »existieren« hier vielleicht im Sinne von ›funktionieren‹; die Augen funktionieren, d.h. können sehen, wegen der »Schönheit« Atons, den Lichtstrahlen (s. Anm. zu Z. 32 und Z. 165).

186f. Komplementäre Aussage zum Beginn der Arbeit bei Sonnenaufgang (Z. 72).

188–190 Fortführung des Motivs der Arbeit am Tag; bei Sonnenaufgang gehen die Arbeiter mit neuer Energie und Tempo ans Werk, um für den König zu arbeiten, der im Mittelpunkt dieses Abschnittes steht. Anders Foster (1995), 1753, der von Z. 188

bis Z. 193 eine Imperativ-Konstruktion annimmt: »Gehe (erneut) auf! Lasse [Leben] gedeihen für den König, der jedem deiner Schritte folgt, seitdem du die Erde gegründet hast! Erhebe ihre Geschöpfe für deinen Sohn, der aus deinem Leib gekommen ist!«

191 *Seitdem du die Erde gegründet hast:* Der mit ›gründen‹ übersetzte Begriff hat die Grundbedeutung ›ausmessen‹ und bezeichnet als Substantiv einen Bauplan oder Grundriss, stammt also eigentlich aus dem Bereich der Architektur. Er wird zwar häufiger in Verbindung mit der Schöpfung gebraucht (auch außerhalb des ägyptischen Kulturkreises; siehe Psalm 104,5), dass an dieser Stelle aber vom ›Gründen‹ der Erde die Rede ist, dürfte konkret mit dem Königsaspekt des Gottes zu tun haben – analog zur Gründung der neuen Residenzstadt Achet-Iten durch Echnaton ist auch die Schöpfung der Welt durch den Sonnengott eine ›Gründung‹. Ähnliche Analogien zwischen Gott und König finden sich beispielsweise auf den Grenzstelen von Amarna, wenn der König das erste Mal die künftige Großbaustelle besucht: »Erscheinen Seiner Majestät, sie lebe, sei heil und gesund, auf dem mit Pferden bespannten großen Wagen aus Weißgold wie Aton, wenn er am Horizont aufgeht und die Beiden Länder mit seiner Liebe erfüllt hat!« (Murnane / Van Siclen, 1993, 86).

192 *erhebst du sie (= Geschöpfe) für deinen Sohn:* ›erheben‹ hier im wörtlichen Sinn als ›aufstehen‹ (s. Anm. zu Z. 67), im übertragenen Sinn wohl auch als Ausdruck des ›zu Diensten seins‹ der Geschöpfe für den König (Z. 188–190).

193 *der aus deinem Leib gekommen ist:* Zahlreiche Stellen in den Amarna-Texten betonen die direkte Abstammung des Königs vom Sonnengott. Echnaton ist »dein (= Aton) Kind, das aus deinen Strahlen hervorgegangen ist« (Sandman, 1938, 91:1); »Kind des Aton, lebender Re, auf dessen Befehl hin die Erde lebt« (Sandman, 1938, 84:4 f.); »Du (= Echnaton) bist sein (= Aton) Kind, das aus ihm hervorgegangen ist« (Sandman, 1938, 81:8); »Du bist der geliebte Sohn des Aton, du bist wie er!« (Sandman, 1938, 84:12).

194–208 Den Abschluss des Hymnus bilden Titel und Namen des Königs, gefolgt von Titel und Name der Königin. Vielleicht nicht zufällig endet der Hymnus auf diese Weise mit den Worten »immer und ewig«.

Der Kleine Sonnenhymnus

2–5 Um das Jahr 9 der Regierung Echnatons kommt es zur Änderung des sogenannten »Lehrhaften Namens« des Sonnengottes. Im vorderen Namensteil wird das Zeichen für Re-Harachte – der Falke mit Sonnenscheibe auf dem Kopf – durch die Zeichenkombination Sonnenscheibe und Krummstab ersetzt, so dass statt Re-Harachte (wörtl. ›Re, der Horus beider Horizonte‹) nunmehr ›Re, der Herrscher beider Horizonte‹ zu lesen ist. Die Änderungen im hinteren Namensteil betreffen die Schreibung für ›Licht‹ und das folgende Relativadjektiv; an Stelle des Wortes ›Licht‹ tritt eine Kombination aus den Phonogrammen (Lautzeichen) *i* und *t* sowie dem Zeichen für Sonne beziehungsweise Re, an Stelle des Relativadjektivs das Logogramm (Wortzeichen) für ›kommen‹. Die korrekte Lesung und Interpretation der Änderungen im zweiten Namensteil bereiten größere Schwierigkeiten. Fecht (1960) etablierte auf Basis der Arbeiten von Sethe (1921), 118–119, und Gunn (1923), 175 f., eine Lesung »Re der Vater, der als Aton kommt«. Bennett (1965), 208, lehnte die Deutung »Re-Vater« als Tautologie zu Re im ersten Teil des Namens ab und verwies meines Erachtens zu Recht darauf, dass die Änderungen im hinteren Teil des Namens einen konkreten, bildhaften Ausdruck wie in der früheren Fassung wiedergeben müssten, also nur graduell sein können und nicht die elementare Aussage und damit das Wesen des Gottes verändern. In der Tat scheinen die Neuerungen vornehmlich solche Begriffe zu betreffen, die in unmittelbarem Zusammenhang mit dem heliopolitanischen Konzept des Sonnengottes stehen, nämlich dessen Name ›Re-Harachte‹ und die Schreibung für ›Licht‹, die anfänglich wohl bewusst auch den Namen der Luftgottheit Schu konnotieren sollte. Nach den Änderungen wirkt der Name des Sonnengottes um alle heliopolitanischen und traditionellen kosmologischen Bezüge »bereinigt« (vergleiche auch Assmann, 1993, 33, Anm. 75): an die Stelle des falkengestaltigen Horus ist als synonymer Begriff ›Herrscher‹ getreten, und die Eigenschaft (wörtl. ›Name‹) des Gottes ist konkretisiert als etwas, das »aus« oder »als Sonne kommt«. Am ehesten wäre hier an die Lichtstrahlen zu denken, mit denen der Sonnengott auf die Welt einwirkt und die vom Himmelskörper ›kommen‹ (Bennett, 1965, 208), doch bleibt der Vorschlag ›Strahlkraft‹ (*rayonnement*;

Grandet, 1995, 16) als Substitut für ›Licht‹ höchst spekulativ und lässt sich lexikalisch nicht absichern. In den Hymnen aus den Gräbern des Ipy und des Tutu findet sich noch die frühe Form des »Lehrhaften Namens« wie im *Großen Sonnenhymnus* (Z. 2–5 *Großer Hymnus*).

6 *dem Leben gegeben ist immer und ewig:* Die formelhafte Wendung folgt üblicherweise einem Königsnamen und ist wohl deshalb mechanisch auch auf den Sonnengott übertragen worden, was dessen königliche Qualität über die Schreibung des Gottesnamens in Kartuschen hinaus noch zusätzlich betont. Dass hier – abgesehen von den grammatischen Schwierigkeiten – kein aktives »der Leben gibt« gemeint sein kann, zeigt eine Textstelle im Grab des Tutu: »[O Einziger des Re (?)], dem Leben gegeben ist wie dem Sonnengott, deinem Vater! Mögest du (= Echnaton) beständig sein wie er!« (Sandman, 1938, 76:15 f.).

7–16 Die Version in den Gräbern des Ani und des Merire lässt Namen und Titulatur des Königs aus.

7 *seitens des:* Die Präposition zur Einführung des logischen Subjekts macht den König als Sprecher des Hymnus explizit.

8 *Königs:* Im *Kleinen Hymnus* wird auf die Angabe des vollen Titels »König von Ober- und Unterägypten« (s. Anm. zu Z. 13 *Großer Hymnus*) verzichtet.

16 *dem Leben gegeben ist immer und ewig:* Anders als im *Großen Sonnenhymnus* führen im *Kleinen Hymnus* beide, sowohl Sonnengott als auch König, den gleichen formelhaften Zusatz (s. Anm. zu Z. 6). Beide sind damit in ihrer Funktion als himmlischer beziehungsweise als irdischer König eng aufeinander bezogen.

18 *Herr der Ewigkeit:* Zur Bedeutung des Titels s. Anm. zu Z. 139 *Großer Hymnus*. Variante Tutu: »Dein Erscheinen ist vollkommen, Vater des ›Gottkönigs‹, lebender Sonnengott, der das Leben gedeihen lässt!« Das Beiwort »der das Leben gedeihen (wörtl. ›grünen‹) lässt« spielt auf die vitalisierende und regenerative Kraft des Sonnengottes an. Der *Große Hymnus* schreibt stattdessen »der das Leben bestimmt« (Z. 30 *Großer Hymnus*).

19 *Du bist strahlend, wunderschön und mächtig:* Variante Ani und Merire: »Du bist strahlend, wunderschön und *leuchtend*«.

20 *deine Liebe ist groß und gewaltig:* Der Begriff Liebe steht hier zum einen als Synonym für das Tageslicht beziehungsweise die Sonnenstrahlen (Grandet, 1995, 139), zum anderen wird durch die Verwendung des Begriffs Liebe auf die Fürsorge des Gottes

für seine Schöpfung angespielt, wie sie in den Hymnen mehrfach zum Ausdruck kommt; »du bist Mutter und Vater für all dein Geschaffenes« (Z. 30), »du bist ihrer aller Herr, der sich mit ihnen abmüht« (Z. 126 f. *Großer Hymnus*), »deine Strahlen säugen alle Pflanzen« (Z. 145 *Großer Hymnus*), »du hast den fernen Himmel geschaffen, um an ihm aufzugehen, um all dein Geschaffenes zu sehen« (Z. 70–72, Z. 151–153 *Großer Hymnus*). Daher scheint mir die ebenfalls mögliche Lesung des Suffixpronomens der 2. Pers. Sg. mask. als direktes Objekt: »die Liebe *zu dir* ist groß und gewaltig!« weniger wahrscheinlich.

21 Variante Ani und Merire: »Deine Strahlen *bedeuten Sehvermögen* (wörtl. ›werden die Augen schaffen‹) *für all dein Geschaffenes*«. Eine fast identische Formulierung findet sich im Grab des Panehesi: »Seine (= Aton) Strahlen bedeuten Sehvermögen (wörtl. ›schaffen die Augen‹) für alles, was er geschaffen hat.« (Sandman, 1938, 23:5).

22 Variante Tutu: »[...] Dein leuchtendes Äußeres *(bewirkt?) Liebe* [...]«. Die Passage ist stärker zerstört.

23 *wenn du die Beiden Länder mit deiner Liebe erfüllt hast:* Gegenüber der fast gleich lautenden Formulierung in Z. 32 des *Großen Hymnus* fällt auf, dass an Stelle von »jedem Land« im *Kleinen Hymnus* konkret von Ägypten die Rede ist und statt »Schönheit« der Begriff »Liebe« verwendet wird. »Schönheit« bezieht sich auf die sichtbare Wahrnehmung, auf das Auge, während sich »Liebe« auf die emotionale Wahrnehmung, auf das Herz, bezieht (Assmann, 1983, 134, Anm. 171). Die Liebe des Sonnengottes wird aber nicht allein Ägypten, sondern jedem Land zuteil, wie Parallelen in anderen hymnischen Texten zeigen (siehe Anm. zu Z. 62–64 Großer Hymnus).

24 *erhabener Gott, der sich selbst formte:* Die Erhabenheit des Sonnengottes wird auch im *Großen Hymnus* betont (Z. 131), nicht aber seine Autogenese als »Gott, der sich selbst formte«. Dieser Aspekt des Sonnengottes wird im *Großen Hymnus* durch andere Formulierungen impliziert (s. Anm. zu Z. 105 f. *Großer Hymnus*). Die Grenzstelen von Amarna konkretisieren die Autogenese als manuellen Vorgang, indem Aton »sich selbst formte mit seinen beiden Händen, ohne dass ihn ein Schöpfer kannte!« (Murnane / Van Siclen, 1993, 23). Variante Merire: »O *vollkommener Herrscher*, der sich selbst formte«. Die parallele Fassung bei Ani ist an dieser Stelle zerstört.

24–30 Anders als beim *Großen Sonnenhymnus* wird im *Kleinen Hymnus* die Bedeutung der Schöpferqualität des Sonnengottes dadurch unterstrichen, dass das Kapitel zur Schöpfung unmittelbar dem Sonnenaufgang folgt und somit an den Anfang des Hymnus rückt. Auf diese Weise wird gleichzeitig der Gedanke der Neuschöpfung der Welt bei Sonnenaufgang hervorgehoben. Der Aufzählung seiner Schöpfungen liegt eine hierarchische Ordnung zugrunde: Zuerst schuf der Gott sich selbst (Autogenese), dann jedes Land, dann die Menschen, das Vieh (Nutztiere), das Wild und schließlich die Pflanzen (eine identische Abfolge findet sich im *Großen Hymnus*, Z. 107–111).

29 Variante Tutu: »Sie leben, sobald *deine Strahlen für sie scheinen*«.

30 *du bist Mutter und Vater für all dein Geschaffenes:* Es geht hier weniger um eine persönliche Gott-Mensch-Beziehung oder individuelle Elternschaft des Sonnengottes als vielmehr um dessen generelle Schöpferkraft und Fürsorge, bei der Schöpfer und Schöpfung möglichst eng aufeinander bezogen sind (Assmann, 1972, 123). Die Auffassung vom Sonnengott als Mutter und Vater bedeutet zugleich, dass er gegenüber seinen »Kindern« die elterliche Sorge ausübt; entsprechend wird der Sonnengott im *Großen Hymnus* als »Amme im Mutterleib« und »Atem-Spender« angesprochen (Z. 88 *Großer Hymnus*). Seit jeher war der Sonnengott Re in seiner Rolle als Schöpfergott Inbegriff von Elternschaft überhaupt. Durch ihre Schöpferqualität konnten jedoch auch andere Götter eine Elternrolle übernehmen, so der Gott Amun-Re als »Vater der Väter aller Götter« (Luiselli, 2004, 25), »Vater der Väter und Mutter der Mütter« (Assmann, 1999, 306), oder der Gott Osiris, von dem es in ramessidischen Texten heißt: »Du bist Vater und Mutter der Menschheit; sie leben von deinem Atem, sie [essen] von dem Fleisch deines Leibes« (Erman, 1923, 376).

31 Variante Mahu: »Ihre Augen – ⟨du⟩ gehst auf *⟨für sie⟩ (?). Für den Ka des Chefs der Wüstenpolizei von Achet-Iten, Mahu, der das Leben wiederholen möge!*«. Der *Kleine Hymnus* ist im Grab des Mahu stark gekürzt, wobei das Ende abrupt und die Überleitung zur formelhaften Wendung »Für den Ka des …« fehlerhaft wirkt.

33 Variante Ani: »Man jubelt bei deinem Anblick«. Die entsprechende Stelle bei Merire ist zerstört.

34 *du bist als ihr Herr erschienen:* Zur Bedeutung von »Herr« im Ägyptischen s. Anm. zu Z. 9 *Großer Hymnus.* Der Herrschaft des Sonnengottes im Himmel entspricht die Herrschaft des Königs auf Erden: »Alles, was du (= Echnaton) befiehlst, geschieht wie (für) Aton, den Herrn, den lebenden Sonnengott, wenn er täglich seinen Befehl im Himmel erteilt!« (Sandman, 1938, 79:9 f.).

35 f. Variante Tutu: »Gehst du unter am Westhorizont, schlafen sie wie im Zustand des Todes.« Eine fast wörtliche Parallele aus der Voramarnazeit findet sich im Hymnus der Beamten Suti und Hor: »Gehst du (= Re-Harachte) unter im Westgebirge, schlafen sie wie im Zustand des Todes« (Fecht, 1967, 29).

38 *Die Nasen sind verstopft* bezieht sich auf den Lebensodem, der nach ägyptischer Vorstellung durch die Nase dringt (Z. 75). Bereits in der *Lehre für Merikare*, verfasst wohl in der Zeit des Mittleren Reiches, heißt es über den Sonnengott Re, er habe die Luft geschaffen, damit »ihre (= der Menschen) Nasen leben« (Hornung, 1996, 73). In der Amarnazeit findet sich dieser Gedanke bildlich umgesetzt im Motiv des Herrscherpaares, dem der Sonnengott mit seinen Strahlenhänden das Lebenszeichen an die Nase reicht. Die Abwesenheit des Sonnengottes bei Nacht bedeutet eine Unterbrechung dieses Geschehens, ausgedrückt durch die Metapher des Verstopft-Seins der Nasen.

41 *für deinen Ka:* Zum Begriff »Ka« s. Anm. zu Z. 76 *Großer Hymnus.*

44 Variante Tutu: »[Jedes Land ist jetzt] im Fest *und ist versorgt, da du es erhellst!*«

45 *Sänger und Musikanten:* Musik war ein elementarer Bestandteil der ägyptischen Kultur. Es gab verschiedene Schlag-, Blas- und Saiteninstrumente für die diversesten Einsatzbereiche wie Tempelkult, Militär, Festprozessionen oder private Feierlichkeiten. Auch im offiziellen Götterkult für Aton spielte Musik eine herausragende Rolle. Eine besondere Bedeutung hatte dabei das Sistrum, ein rasselartiges Instrument, das eng mit der Göttin Hathor assoziiert war und nur von Frauen gespielt wurde. Reliefs zeigen Nofretete häufig hinter Echnaton stehend, wie sie ein Sistrum schwingt und so die Kulthandlungen für den Sonnengott musikalisch begleitet. Sie ist diejenige, »die Aton zufrieden sein lässt mit einer angenehmen Stimme und mit ihren schönen Händen, die ein Sistrum halten« (Sandman, 1938, 92:15 f.). Auch ihre Töchter treten häufig als Sistrum-Spielerinnen in Er-

scheinung. Einige Reliefblöcke des Aton-Tempels in Karnak-Ost zeigen darüber hinaus ganze Orchester, bestehend aus Musikern mit Lauten, Doppelflöten oder Tamburinen. Besonders auffällig sind mannshohe Harfen, die von zwei Musikern gleichzeitig gespielt werden, deren Kleidung auf eine vorderasiatische Herkunft schließen lässt (Kat. Boston, 1999, Kat.-Nr. 31). Größere Orchester dieser Art spielten sicher nur zu bestimmten Festen auf, bei denen auch Tänzerinnen ihr akrobatisches Können darboten.

46 *in der Vorhalle des Hut-Benben:* Das Hut-Benben (wörtl. ›Tempelhaus des Benben‹) war ein steinernes Pfeiler-Heiligtum in Heliopolis, dem Kultzentrum des Sonnengottes Re-Harachte, dessen Ursprünge wahrscheinlich bis in die 1. Dynastie (um 3032–2853 v. Chr.) zurückreichen (Habachi, 2000, 10). Es symbolisierte den Urhügel am Beginn der Schöpfung und galt als die Stelle, welche die Strahlen der aufgehenden Sonne als erstes berührten. Die Spitzen von Pyramiden und Obelisken wurden daher *benbenet* genannt (Shaw/Nicholson, 1998, 50). Der Gempa-Iten-Tempel in Karnak-Ost wie auch der »Große Aton-Tempel« in Echnatons neuer Residenzstadt Achet-Iten verfügten jeweils über eigene Benben-Kultstätten. Nach Ausweis von Darstellungen in den Amarna-Gräbern befand sich in deren Zentrum allerdings kein Pfeiler oder Obelisk, sondern eine oben abgerundete Stele mit davor thronender Königsfigur (Grandet, 1995, 44). Die Vorhalle des Hut-Benben war offenbar nicht nur für Tempelmusikanten zugänglich, sondern auch für Echnatons Gefolgschaft, wie eine Inschrift im Grab des Tutu vermuten lässt: »Mögest du Aton nach Art seiner Gelobten in die Vorhalle des Hut-Benben folgen und mögest du die Erde küssen für seine Strahlen, wenn du an der ›Stätte der Ma'at‹ bist« (Sandman, 1938, 72:13 f.).

47 Variante Merire: »und allen ›*Sonnenschatten*‹ in Achet(-Iten)«. Die entsprechende Parallelstelle im Grab des Ani ist zerstört. Als »Sonnenschatten« (wörtl. ›Schatten des Re‹) wurden bestimmte Kultstätten des Sonnengottes bezeichnet, die in Amarna den weiblichen Angehörigen des Königshauses zugeeignet waren. So sind Sonnenschatten für die älteste Königstochter Meritaton und für die Königinmutter Teje belegt, und auch die Königsgemahlin Nofretete verfügte wahrscheinlich über einen eigenen Sonnenschatten. Architektonisch unterschieden sich diese

Heiligtümer kaum von anderen, kleineren Tempelanlagen für Aton. Ihre Besonderheit dürfte in einer Art »Nebenkult« bestanden haben, der den jeweiligen »Eigentümerinnen« hier zukam (Bonnet, 1952, 777).

Variante Tutu: »und *deinem Tempel* in Achet-Iten«. Zum Großen Aton-Tempel in Achet-Iten s. Anm. zu Z. 11 *Großer Hymnus*.

48 *jener Stätte der Ma'at:* »Stätte/Platz der Wahrheit« ist eine generelle Bezeichnung für sakrale Orte oder Heiligtümer. Variante Ani und Merire: »und *allen* Stätten«. Zum Konzept der Ma'at s. Anm. zu Z. 14/Z. 18 *Großer Hymnus*.

49 Eine der wesentlichen Aufgaben des Götterkultes in Ägypten war die Versorgung des Gottes mit Nahrung. Dies geschah in der Regel durch Opfergaben, die dem Götterkultbild – in Amarna der Sonne direkt – auf Altären dargebracht wurden. Durch das Ritual der Opferung erhielten die Opfergaben eine neue, gehobene Qualität und waren dadurch in der Lage, den Gott zufriedenzustellen (Z. 48); zugleich dienten sie als Mittler, als »Kanal« zur Götterwelt. An der Schwelle zwischen sakraler und profaner Welt stand dabei der Opfernde – im Tempelkontext auf ideeller Ebene immer der König selbst, im täglichen Ritual vertreten durch die Priester –, der im Rahmen der Opferhandlungen beide Sphären zugleich und in einer Person repräsentierte (Hubert/Mauss, 1964, 23, 44). Auch im neuen theologischen System von Amarna spielte die materielle Versorgung des Sonnengottes weiterhin eine entscheidende Rolle. Zahlreiche Reliefs zeigen Echnaton beim Opfer für den Sonnengott, und er selbst führte den Titel eines »Hohenpriesters« des Aton (Murnane, 1995, 29; Kat. Boston, 1999, Kat.-Nr. 265). Auf den Grenzstelen gab der König sogar eigens Anweisungen für den Fall seiner Abwesenheit, wenn er die erforderlichen Rituale nicht persönlich durchführen konnte: »Ich selbst führe die Opf[errituale] für den Sonnengott, meinen Vater, im Per-Iten(-Tempel) in Achet-Iten durch. Es wird nicht geopfert [...] (wenn?) ich in irgendeiner Stadt oder irgendeinem (anderen) Ort bin, fort von (?) [...]« (Murnane / Van Siclen, 1993, 29). Die Menge an Opfergaben muss angesichts der hunderten von Altären in den großen Tempelanlagen von Amarna gewaltig gewesen sein. In Karnak hat sich die Angabe der Bestückung eines einzelnen Opferständers aus dem dortigen Gem-pa-Iten-Heiligtum

für Aton erhalten: »Was ihm geopfert wird bei seinem Aufgehen am östlichen Horizont des [Himmels] als tägliches Opfer: 2 Stück ›Pesen‹-Brot, 2 Stück ›Bit‹-Fladenbrot, 2 Krüge Bier, 5 Bündel Gemüse, frische Früchte (als) Opfergaben sowie Weihrauch« (Habachi, 1965, 74 f.). Die Opfergaben wurden nach der Darbietung an den Gott nicht etwa weggeworfen, sondern kamen den Priestern und Bediensteten des Tempels sowie deren Familien zugute. Bei der Beförderung des Priesters Merire spricht Echnaton zu ihm: »Ich gebe dir dieses Amt, damit du die Nahrung isst von Pharao, er lebe, sei heil und gesund, deinem Herrn, im Per-Iten(-Tempel)« (Sandman, 1938, 1:8 f.). Auch Echnaton selbst war im Rahmen seines eigenen Kultes Empfänger von Opfergaben: »Millionen mal hundertausend Dinge werden für deinen Ka geopfert, Nahrung und Speise an jeder Stätte«, preist der Beamte Huya den König (Sandman, 1938, 38:17–39:1). Die Variante des *Kleinen Hymnus* im Grab des Tutu lässt Z. 49 aus.

50–76 Der im vorhergehenden Kapitel geschilderte Festakt für den Sonnengott am Morgen bildet die Überleitung zum letzten und zugleich umfangreichsten Kapitel, das die Gott-König-Beziehung zum Gegenstand hat. Ziemlich genau in dessen Mitte steht der in Kartusche geschriebene Thronname des Königs, so dass Echnaton hier auch im übertragenen Sinne im Mittelpunkt steht. In der Rolle des Ich-Erzählers fährt der König fort, das eigene Wirken für seinen Vater, den Sonnengott, kurz zu umreißen; er ist dem Sonnengott dienlich, da er dessen Namen verherrlicht und seine Macht und Stärke im Herzen bewahrt (Z. 63–66). Wie schon der *Große Hymnus* schließt auch der *Kleine Hymnus* mit einem Lobpreis des Königs auf den Sonnengott. In diesem Fall handelt es sich jedoch weniger um eine Zusammenfassung bestimmter Wesensmerkmale des Sonnengottes wie im *Großen Sonnenhymnus* als vielmehr um eine Betonung seiner kosmischen Dimension, die bisher nicht zur Sprache kam.

50 *Dein makelloser Sohn, er bewirkt deine Gunst:* Die Passage dürfte auf die Rolle des Königs beim Kult für den Sonnengott anspielen (Grandet, 1995, 156 f.).

51 *bei dessen Erscheinen:* Der Rückbezug ist doppeldeutig; zum einen kann das Erscheinen des Sonnengottes gemeint sein, zum anderen das des Königs. Die Fassung im Grab des Merire lässt den Text nach »O lebender Sonnengott« bis Z. 55 aus.

52 Variante Tutu: »all *sein* Geschaffenes vor *seinem* Antlitz tanzt!«

53 *Dein erhabener Sohn, sein Herz jubelt vor Freude:* Die Freude des Königs beim Anblick des Gottes wird auch außerhalb der Hymnen thematisiert. So preist beispielsweise der Beamte Tutu den Sonnengott: »Wenn du (= Aton) den Himmel überquerst, ist sein (= Echnaton) Auge auf deine Schönheit gerichtet, wobei ⟨er⟩ vor Freude jubelt bei deinem Anblick, O lebender Sonnengott!« (Sandman, 1938, 75:15 f.).

54 f. Variante Tutu: »O lebender Sonnengott, der *geboren wird* am Himmel jeden Tag«. Die tägliche Neugeburt des Sonnengottes am Himmel ist als Autogenese zu verstehen, bei der sich der Gott selbst gebiert (s. Anm. zu Z. 24).

56 f. Die Verse behandeln die Geburt des Königs durch den Sonnengott. Die ideelle Abstammung des Königs vom Sonnengott ist elementarer Bestandteil des Königsdogmas von Amarna und wird in den Texten immer wieder betont (s. auch Anm. zu Z. 193 *Großer Hymnus*). Die Gottessohnschaft hat über den ideologischen Aspekt hinaus auch einen personalen Bezug, geht es doch um Echnatons individuelle Unsterblichkeit: »Du (= Aton) gebierst seine Majestät wie du dich (selbst) gebierst jeden Tag ohne Unterlass. Du hast ihn geformt mit deinen eigenen Strahlen, damit (er) genau so lange lebt wie die Sonne!« (Sandman, 1938, 75:14 f.). Variante Tutu: »Möge er *seinen Sohn* gebären, *der aus seinem Leib gekommen ist*, genau wie sich (selbst) ohne Unterlass.« Variante Merire: »Möge er *seinen Sohn* gebären, *den Einzigen des Re*, genau wie sich (selbst) ohne Unterlass *ewiglich. Der Bekannte des Königs, der seinen Herrn liebt, der Gelobte des Herrn [Beider Länder], der ›Wer[mau‹* (wörtl. ›Großer der Sehenden‹; ein Hohepriestertitel) *des Sonnengottes im Per-Iten-Tempel in Achet-Iten, Meri]re[, gerechtfertigt.]«* Ende des Hymnus bei Merire.

57 *den Einzigen des Re:* Die Formulierung ist Teil des königlichen Thronnamens (Z. 11) und Ausdruck der exklusiven Beziehung des Königs zum Sonnengott (s. Anm. zu Z. 16 f. *Großer Hymnus*). Das auszugsweise Zitieren und Integrieren von Bestandteilen des Königsnamens in größere Satzzusammenhänge lässt sich in den Amarna-Texten häufiger beobachten und findet sich bereits in den thebanischen Gräbern der frühen Regierungszeit des Königs. So preist der Wesir Ramose den König mit den Worten: »Du gehst mit vollkommenen Erscheinungsformen auf, O Ein-

ziger des Re! Du erscheinst wie dein Vater, der lebende Sonnengott! Er gebe dir eine Ewigkeit als König und als Einziger und als Herrscher der Freude!« (Aldred, 1988, 65), wobei der Anfang der Rede geschickt den Thronnamen des Königs »Re ist vollkommen an Erscheinungsformen, der Einzige des Re« paraphrasiert.

59 *Sohn des Re:* Der Ausdruck leitet üblicherweise den Eigennamen eines Königs ein (s. Anm. zu Z. 18 *Großer Hymnus*), ist hier jedoch dem Thronnamen (Z. 61 f.) vorangestellt.

60 *der seine Vollkommenheit verherrlicht:* Der Vers spielt auf die Rolle des Königs als Verkünder der »Vollkommenheit« beziehungsweise Schönheit des »neuen« Sonnengottes an. Die Grundbedeutung des hier mit ›verherrlichen‹ übersetzten Begriffs ist ›hochheben, tragen‹ und daraus abgeleitet ›verkünden, mitteilen‹ (Hannig, 1995, 225) s. auch Anm. zu Z. 64.

63 *der dir dienlich ist:* Dem Thronnamen des Königs folgt für gewöhnlich sein Eigenname, bei Echnaton »Der dem Sonnengott dienlich ist« (s. Anm. zu Z. 20 *Großer Hymnus*), der hier in leicht abgewandelter Form in den Vers integriert wurde: »Ich bin dein Sohn, *der dir* (= Aton) *dienlich ist*« (s. auch Anm. zu Z. 57).

64 *der deinen Namen verherrlicht:* Die Verkündung des Namens und damit der Wesenheit des Sonnengottes war zentraler Bestandteil von Echnatons »Lehre« (s. Anm. zu Z. 176–177 *Großer Hymnus*). Die Grundbedeutung des hier mit ›verherrlichen‹ übersetzten Begriffs ›hochheben, tragen‹ (s. Anm. zu Z. 60) eignete sich auch als Bildchiffre; so zeigt ein kleines Täfelchen aus Kalzit den König, wie er die zwei Kartuschen mit der frühen Form des Gottesnamens emporhebt (Kat. Boston, 1999, Kat.-Nr. 93).

65 f. Variante Ani: »Deine Macht und deine Stärke *gedeihen* in meinem Herzen!«

67 *Du bist die Lebende Sonne:* Zur Bezeichnung des Sonnengottes als »Lebende Sonne« s. Anm. zu Z. 7 und Z. 156 *Großer Hymnus*.

68 *Ewigkeit ist dein Abbild:* Zum Ewigkeitsbegriff s. Z. 139 *Großer Hymnus*.

69–71 Wörtliche Parallele im *Großen Sonnenhymnus*, Z. 151–153. Zur Position des Sonnengottes am Himmel s. Anm. zu Z. 151 und Z. 159 *Großer Hymnus*.

73 f. Die Millionen Leben im einzigen Sonnengott finden ihre Entsprechung in den Millionen Gestalten, die der Gott aus sich allein schafft (s. Anm. zu Z. 159 *Großer Hymnus*).

75 f. Variante Tutu: »*Der Lufthauch dringt in die Nasen, den du ihnen gibst,* ⟨*um*⟩ *zu existieren*«.

77–87 Die Passage erweckt den Eindruck, als sei sie eine Art Anhang oder Erweiterung der hymnischen Rede des Königs. Thema ist die Wirkung des Sonnenlichts auf Pflanzen und Tiere, wie sie auch im dritten Kapitel des Großen Sonnenhymnus geschildert wird.

80 Variante Ani: »sie (= Pflanzen) berauschen sich an deinem Antlitz! *Der Bekannte des Königs, den sein Herr liebt, der Gelobte des Herrn [Beider Länder], weil sein Ka die Ehrwürdigkeit erreicht hat durch die Gunst des Königs, der wirkliche Königssekretär, den er liebt, der Schreiber des Opfertisches des Herrn Beider Länder, der Schreiber des Sonnenaltars des Sonnengottes im Per-Iten(-Tempel) in Achet-Iten, der Haushofmeister des Tempels (des Königs:)* Re ist groß an Erscheinungsformen *(= Amenophis II.), Ani, gerechtfertigt durch ein schönes Begräbnis.*« Ende des Hymnus bei Ani.

81 Variante Ipy: »Alles Wild springt umher. *Für den Ka des Königssekretärs und Haushofmeisters Ipy, der das Leben wiederholen möge.*« Ende des Hymnus bei Ipy.

87 Variante Tutu: »für den, der sie geschaffen hat! [...] *Der Kammerherr Tutu, gerechtfertigt, er sagt: Höre auf das, was dein Sohn sagt, der Einzige des Re, O Aton, der ihn gebiert! Lass ihn ewiglich sein!*« Ende des Hymnus bei Tutu.

Literaturhinweise

Siglen

ÄAT	Ägypten und Altes Testament (Wiesbaden)
ADAIK	Abhandlungen des Deutschen Archäologischen Instituts Kairo (Glückstadt)
BACE	The Bulletin of the Australian Centre for Egyptology (North Ride)
BAe	Bibliotheca Aegyptiaca (Brüssel)
BOR	BOREAS. Uppsala Studies in Ancient Mediterranean and Near Eastern Civilizations (Uppsala)
BzÄ	Beiträge zur Ägyptologie (Wien)
DMA	Documenta Mundi Aegyptiaca (Jonsered)
DMOA	Documenta et Monumenta Orientis Antiqui (Leiden)
GM	Göttinger Miszellen. Beiträge zur ägyptologischen Diskussion (Göttingen)
GOF	Göttinger Orientforschungen. IV. Reihe Ägypten (Wiesbaden)
JANER	Journal of Ancient Near Eastern Religions (Leiden/Boston)
JEA	Journal of Egyptian Archaeology (London)
JNES	Journal of Near Eastern Studies (Chicago)
JSSEA	The Journal of the Society for the Study of Egyptian Antiquities (Toronto)
KÄT	Kleine Ägyptische Texte (Wiesbaden)
LÄ	Lexikon der Ägyptologie (Wiesbaden)
LingAeg	Lingua Aegyptia. Journal of Egyptian Language Studies (Göttingen)
MÄS	Münchner Ägyptologische Studien (Mainz)
MDAIK	Mitteilungen des Deutschen Archäologischen Instituts Abteilung Kairo (Mainz)
MIFAO	Mémoires publiés par les membres de l'Institut Français d'Archéologie Orientale du Caire (Kairo)
NAWG	Nachrichten von der Königlichen Gesellschaft (später Akademie) der Wissenschaften zu Göttingen (Berlin)
OBO	Orbis Biblicus et Orientalis (Freiburg i. Br. / Göttingen)
OLA	Orientalia Lovaniensia Analecta (Löwen)

PÄ	Probleme der Ägyptologie (Leiden [u. a.])
REE	Revista de Estudios de Egiptología (Buenos Aires)
SAK	Studien zur Altägyptischen Kultur (Hamburg)
SAOC	Studies in Ancient Oriental Civilization (Chicago)
ZÄS	Zeitschrift für Ägyptische Sprache und Altertumskunde (Leipzig)

Mit Kurztitel zitierte Literatur

Aldred, C. (1973): Akhenaten and Nefertiti. New York.

– (1988): Akhenaten – King of Egypt. London. – Dt. u. d. T.: Echnaton – Gott und Pharao Ägyptens. Bergisch Gladbach.

Allen, T. G. (1949): Some Egyptian Sun Hymns. In: JNES 8, 349–355.

Anthes, R. (1952): Die Maat des Echnaton von Amarna. Baltimore.

– (1963): »... in seinem Namen und im Sonnenlicht ...«. In: ZÄS 90, 1–10.

Arnold, D. (1992): Die Tempel Ägyptens. Götterwohnungen, Baudenkmäler, Kultstätten. Zürich.

Assmann, J. (1970): Der König als Sonnenpriester. Ein kosmographischer Begleittext zur kultischen Sonnenhymnik in thebanischen Tempeln und Gräbern. ADAIK 7.

– (1972): Die »Häresie« des Echnaton: Aspekte der Amarna-Religion. In: Saeculum 23, 109–126.

– (1975): Artikel ›Aton‹. In: LÄ I, Sp. 526–540.

– (1977): Artikel ›Ewigkeit‹. In: LÄ II, Sp. 47–54.

– (1980): Die »loyalistische Lehre« Echnatons. In: SAK 8, 1–32.

– (1983): Re und Amun. Die Krise des polytheistischen Weltbilds im Ägypten der 18.–20. Dynastie. OBO 51.

– (1990): Ma'at – Gerechtigkeit und Unsterblichkeit im Alten Ägypten. München.

– (1991): Stein und Zeit: Mensch und Gesellschaft im alten Ägypten. München.

– (1993): Monotheismus und Kosmotheismus. Ägyptische Formen eines »Denkens des Einen« und ihre europäische Rezeptionsgeschichte. Sitzungsberichte der Heidelberger Akademie der Wissenschaften, Philosophisch-historische Klasse, Bericht 2. Heidelberg.

Assmann, J. (1994): Rezension zu Zandee (1992). In: Orientalia 63, 98–110.
– (1996): Ägypten – Eine Sinngeschichte. München [u. a.].
– (1999): Ägyptische Hymnen und Gebete. OBO.
Auffret, P. (1981): Hymnes d'Égypte et d'Israël. Études de structures littéraires. OBO 34, 175–302.
Beckerath, J. (1999): Handbuch der ägyptischen Königsnamen. MÄS 49.
Bennett, J. (1965): Notes on the ›aten‹. In: JEA 51, 207–209.
Berteaux, V. (2005): Harachte – Ikonographie, Ikonologie und Einordnung einer komplexen Gottheit bis zum Ende des Neuen Reiches. München.
Bickel, S. (1994): La cosmogonie égyptienne avant le Nouvel Empire. OBO 134.
– (2003a): Creative and Destructive Waters. In: Amenta, A. / Luiselli, M. M. / Sordi, M. N. (Hrsg.): L'acqua nell'antico Egitto. Rom. 191–200.
– (2003b): Ich spreche ständig zu Aton. In: JANER 3, 23–45.
Blankenberg-Van Delden, C. (1969): The Large Commemorative Scarabs of Amenhotep III. DMOA.
Blöbaum, A. I. (2006): »Denn ich bin ein König, der die Macht liebt«. Herrscherlegitimation im spätzeitlichen Ägypten. Aachen.
Blumenthal, E. (1970): Untersuchungen zum ägyptischen Königtum des Mittleren Reiches I: Phraseologie. Berlin.
– (2001): Kuhgöttin und Gottkönig. Frömmigkeit und Staatstreue auf der Stele Leipzig Ägyptisches Museum 5141. Leipzig.
Bonnet, H. (1952): Reallexikon der ägyptischen Religionsgeschichte. Berlin.
Borghouts, J. F. (2001): De religie van Achnaton. In: Phœnix 47. 5–35.
Borioni, G. C. (2005): Der Ka aus religionswissenschaftlicher Sicht. BzÄ 20.
Bouriant, U. [u. a.] (1903): Monuments pour servir à l'étude du culte d'Atonou en Égypte. Vol. 1: Les tombes de Khouitatonou. MIFAO 8.
Breasted, J. H. (1894): De hymnis in Solem sub rege Amenophide IV conceptis. Berlin.
Brunner, H. (1971): Eine Inschrift aus der Frühzeit Amenophis' IV. In: ZÄS 97, 12–18.

Brunner-Traut, E. (1991): Altägyptische Märchen. Hamburg.
Darnell, J. C. (2004): The Enigmatic Netherworld Books of the Solar-Osirian Unity. OBO 198.
Davies, N. d. G. (1941): The Tomb of the Vizier Ramose. London.
Edel, E. / Wenig, S. (1974): Die Jahreszeitenreliefs aus dem Sonnenheiligtum des Königs Ne-user-re. Berlin.
Endruweit, A. (1994): Städtischer Wohnbau in Ägypten. Klimagerechte Lehmarchitektur in Amarna. Berlin.
Erman, A. (1923): Die Literatur der Aegypter. Leipzig.
Fecht, G. (1960): Amarna-Probleme 1–2. In: ZÄS 85, 83–118.
– (1967): Zur Frühform der Amarna-Theologie. In: ZÄS 94, 25–50.
Foster, J. L. (1995): The Hymn to Aten: Akhenaten Worships the Sole God. In: Sasson, J. M. (Hrsg.): Civilizations of the Ancient Near East. New York. 1751–61.
Gardiner, A. (1935): Hieratic Papyri in the British Museum. Third Series. Vol. I: Text. London.
– (1961): Egypt of the Pharaohs. An Introduction. Oxford. – Dt. u. d. T.: Geschichte des Alten Ägypten. Eine Einführung. Stuttgart 1965.
Gohary, J. (1992): Akhenaten's Sed-festival at Karnak. London.
Graefe, E. (1971): Untersuchungen zur Wortfamilie *bjꜣ*. Köln.
– (1995): Zur Struktur der Thronnamen der ägyptischen Könige und der Lesung des Thronnamens der Königin Hatschepsut. In: Fluck, C. [u. a.] (Hrsg.): Divitiae Aegypti. Koptologische und verwandte Studien zu Ehren von Martin Krause. Wiesbaden. 119–127.
Graeff, J.-P. (2005): Die Straßen Ägyptens. Berlin.
Grandet, P. (1995): Hymnes de la religion d'Aton. Paris.
Grimm, A. / Schlögl, H. A. (2005): Das thebanische Grab Nr. 136 und der Beginn der Amarnazeit. Wiesbaden.
Gundlach, R. (1994): Die Titulaturen der Triade von Amarna (Zur Königsideologie der ausgehenden 18. Dynastie). In: REE 5, 100–110.
Gunn, B. (1923): Notes on the Aten and his Names. In: JEA 9, 168–176.
Habachi, L. (1965): Varia from the Reign of King Akhenaten. In: MDAIK 20, 70–92.
– (2000): Die unsterblichen Obelisken Ägyptens. Überarb. und erw. Neuaufl. von C. Vogel. Mainz.

Hannig, R. (1995): Großes Handwörterbuch Ägyptisch – Deutsch. Mainz.
– (2003): Ägyptisches Wörterbuch I: Altes Reich und Erste Zwischenzeit. Mainz.
– / Vomberg, P. (1999): Wortschatz der Pharaonen in Sachgruppen. Mainz.
Hari, R. (1985): New Kingdom Amarna Period. Leiden. (Iconography of Religions. XVI,6.)
Hornung, E. (1956): Nacht und Finsternis im Weltbild der Alten Ägypter. Tübingen.
– (1979): Das Totenbuch der Ägypter. Zürich.
– (1980): Monotheismus im pharaonischen Ägypten. In: Keel, O. (Hrsg.): Monotheismus im Alten Israel und seiner Umwelt. Freiburg. 83–97.
– (1991): Die Nachtfahrt der Sonne. Eine altägyptische Beschreibung des Jenseits. Zürich.
– (1992): Der Pharao. In: Donadoni, S. (Hrsg.): Der Mensch des Alten Ägypten. Frankfurt a. M. 329–360.
– (1995): Echnaton – Die Religion des Lichtes. Zürich.
– (1996): Altägyptische Dichtung. Stuttgart.
– (1997): Altägyptische Jenseitsbücher – Ein einführender Überblick. Darmstadt.
– (2005): Der Eine und die Vielen. Darmstadt.
Hubert, H. / Mauss, M. (1964): Sacrifice: Its Nature and Function. London.
Jeffreys, N. (2006): An Amarna Period Relief from Memphis. In: Sowada, K. N. / Ockinga, B. G. (Hrsg.): Egyptian Art in the Nicholson Museum. Sydney. 119–133.
Junge, F. (1999): Einführung in die Grammatik des Neuägyptischen. Wiesbaden.
Kahl, J. (1995): Der Gebrauch morphologischer und phonologischer Stilmittel im Großen Aton-Hymnus. In: Per aspera ad astra. Festschrift W. Schenkel. Kassel. 51–89.
[Kat. Boston (1999):] Freed, R. E. / Markowitz, Y. J. / D'Auria, S. H. (Hrsg.): Pharaohs of the Sun. Ausstellungskatalog. Boston.
[Kat. München (1976):] Nofretete – Echnaton – Tutanchamun. Ausstellungskatalog. Mainz.
Kitchen, K. A. (1999): Poetry of Ancient Egypt. DMA 1, § 40, 249–260.

Kootz, A. B. (2006): Der altägyptische Staat. Untersuchung aus politikwissenschaftlicher Sicht. Wiesbaden.
Krauss, R. (2000): Akhenaten: Monotheist? Polytheist? In: BACE 11, 93–101.
Kurth, D. (2004): Die Inschriften des Tempels von Edfu I,2: Edfu VII. Wiesbaden.
Leitz, C. (2002): Lexikon der ägyptischen Götter und Götterbezeichnungen, Bd. 7. OLA 116.
Lichtheim, M. (1976): Ancient Egyptian Literature, Vol. 2. Berkeley [u. a.].
Loprieno, A. (2003): Drei Leben nach dem Tod. Wieviele Seelen hatten die alten Ägypter? In: Guksch [u. a.] (Hrsg.): Grab und Totenkult im Alten Ägypten. München. 200–225.
Luiselli, M. M. (2004): Der Amun-Re Hymnus des P. Boulaq 17 (P. Kairo CG 58038). KÄT 14.
Mathieu, B. (2005): Le Grand Hymne à Aton. In: Bergerot, T.-L. (Hrsg.): Akhénaton et l'époque amarnienne. Paris. (Bibliothèque d'Égypte Afrique & Orient.) 105–116.
Moran, W. L. (1992): The Amarna Letters. London.
Murnane, W. J. (1995): Texts from the Amarna Period in Egypt. Atlanta.
– / Van Siclen, C. C. (1993): The Boundary Stelae of Akhenaten. London [u. a.].
Nida, E. A. / Taber, C. R. (1969): The Theory and Practice of Translation. Leiden.
Quack, J. F. (2002): Königsweihe, Priesterweihe, Isisweihe. In: Assmann, J. / Bommas, M. (Hrsg.): Ägyptische Mysterien? München.
Redford, D. B. (1984): Akhenaten – The Heretic King. Princeton.
Reiche, C. (1998): Ein hymnischer Text in den Gräbern des Ḥwyꜣ, ꜣIʿḥ-ms und Mry-Rʿ in El-ʿAmarna. GOF 35.
Roth, S. (2002): Gebieterin aller Länder. Die Rolle der königlichen Frauen in der fiktiven und realen Außenpolitik des ägyptischen Neuen Reiches. OBO 185.
Saleh, M. / Sourouzian, H. (1986): Das Ägyptische Museum Kairo. Offizieller Katalog. Mainz.
Samson, J. (1978): Amarna – City of Akhenaten and Nefertiti. Warminster.
Sandman, M. (1938): Texts from the Time of Akhenaten. BAe 8.
Schäfer, H. (1931): Amarna in Religion und Kunst. Leipzig.

Scharff, A. (1922): Aegyptische Sonnenlieder. Berlin.

Schipper, B. U. (1998): Von der ›Lehre des Sehetep-jb-Re‹ zur ›Loyalistischen Lehre‹. Überlegungen zur Überlieferungsgeschichte loyalistischer Aussagen. In: ZÄS 125, 161–179.

Schlögl, H. A. (2001): Weisheit vom Nil. Ägyptische Weltsicht. Zürich.

Schulz, R. (2002): Die Ringe des »Diebesbündels« im Grab des Tut-anch-Amun. In: Eldamaty, M. / Trad, M. (Hrsg.): Egyptian Museum Collections around the World. Studies for the Centennial of the Egyptian Museum, Cairo. Kairo.

Sethe, K. (1921): Beiträge zur Geschichte Amenophis' IV. In: NAWG, 101–130.

– (1927): Urkunden der 18. Dynastie. Bd. IV. Berlin.

– (1931): Der Sonnengesang von Amarna. In: Schäfer (1931), 63–70.

Shaw, I. / Nicholson, P. (1998): Reclams Lexikon des alten Ägypten. Stuttgart.

Sjöberg, Å. W. (1992): The Sumerian Dictionary. Part I. Philadelphia (Penn.).

Teeter, E. (1997): The Presentation of Maat. Ritual and Legitimacy in Ancient Egypt. SAOC 57.

Tobin, V. A. (1986): Mythic Symbolism in the Amarna System. In: JSSEA 16.

Toro Rueda, M. I. (2003): Das Herz in der ägyptischen Literatur des zweiten Jahrtausends v. Chr. Göttingen.

Traunecker, C. (2005): Néfertiti, la reine sans nom. In: Bergerot, T.-L. (Hrsg.): Akhénaton et l'époque amarnienne. Paris. (Bibliothèque d'Égypte Afrique & Orient.) 117–133.

Troy, L. (1986): Patterns of Queenship in ancient Egyptian myth and history. BOR 14.

Westendorf, W. (1990): Bemerkungen zum Sonnenhymnus von Amarna. In: Schulz, R. / Görg, M. (Hrsg.): Lingua restituta orientalis. Festschrift J. Assfalg. ÄAT 20, 405–409.

Wettengel, W. (2003): Die Erzählung von den beiden Brüdern. OBO 195.

Zandee, J. (1992): Der Amunhymnus des Papyrus Leiden I 344, Verso. Leiden.

Weitere Literaturhinweise

Zur Amarna-Zeit allgemein

Aldred, C.: Echnaton – Gott und Pharao Ägyptens. Bergisch Gladbach 1988.
Hornung, E.: Echnaton – Die Religion des Lichtes. Zürich 1995.
Schlögl, H. A.: Amenophis IV. Echnaton. Hamburg 1986.
– Echnaton – Tutanchamun. Daten, Fakten, Literatur. Wiesbaden 1993.

Zum hieroglyphischen Schriftsystem

Altenmüller, H.: Einführung in die Hieroglyphenschrift. Hamburg 2005.
Graefe, E.: Mittelägyptische Grammatik für Anfänger. Wiesbaden 2001.
Hannig, R.: Die Sprache der Pharaonen. Großes Handwörterbuch Ägyptisch – Deutsch (2800 bis 950 v. Chr.). Marburger Edition. Mainz 2006.
Junge, F.: Einführung in die Grammatik des Neuägyptischen. Wiesbaden 1999.
Wenzel, G.: Hieroglyphen. Schreiben und Lesen wie die Pharaonen. München 2001.
Zauzich, K.-T.: Hieroglyphen ohne Geheimnis. Eine Einführung in die altägyptische Schrift für Museumsbesucher und Ägyptentouristen. Mainz 2000.

Zur Beziehung Sonnenhymnen und Psalm 104

Auffret, P.: Hymnes d'Égypte et d'Israël. Études de structures littéraires. OBO 34 (1981) 175–302.
Kraus, H.-J.: Psalmen. 2. Teil-Bd.: Psalmen 60–150. Neukirchen 1972. (Biblischer Kommentar Altes Testament. Bd. XV/2.) 706–715.
Nordheim, E.: Der Große Hymnus des Echnaton und Psalm 104. Gott und Mensch im Ägypten der Amarnazeit und in Israel. In: SAK 7 (1979) 227–251.

Psalm 104[1]

1 Lobe den Herrn, meine Seele!
Herr, mein Gott, du bist sehr groß;
du bist schön und prächtig geschmückt.
2 Du hüllst dich in Licht wie in einen Mantel;
du breitest den Himmel aus wie ein Zelttuch;
3 du baust deine Obergemächer über dem Wasser;
du fährst auf den Wolken wie auf einem Wagen
und gehst auf den Fittichen des Windes;
4 du machst Winde zu deinen Boten
und zu deinen Dienern Feuerflammen;
5 du hast das Erdreich gegründet auf seinem Boden,
nicht wird es wanken für immer und ewig.
6 Die Urflut bedeckte es wie ein Kleid,
und die Wasser standen über den Bergen.
7 Aber vor deinem Drohen flohen sie,
vor deiner Donnerstimme fuhren sie ängstlich dahin.
8 Die Berge erhoben sich, und die Täler senkten sich herunter
zum Ort, den du ihnen gegründet hast.
9 Du hast eine Grenze gesetzt, darüber dürfen sie (= die Wasser) nicht kommen
und dürfen nicht wiederum das Erdreich bedecken.

10 Du sendest Quellen in die Täler,
zwischen den Bergen fließen sie dahin,
11 dass alle Tiere des Feldes trinken
und das Wild seinen Durst lösche.
12 An ihnen sitzen die Vögel des Himmels
und singen zwischen den Zweigen.
13 Du feuchtest die Berge von deinen Obergemächern aus;
du sättigst das Land mit der Frucht deiner Taten;

1 Der Text folgt weitgehend der Lutherbibel (1912) mit Verbesserungen nach der Übersetzung von Nordheim (1979), 229–231.

14 du lässt Gras wachsen für das Vieh
und Saat zum Nutzen der Menschen,
um Brot aus der Erde hervorzubringen,
15 und dass der Wein des Menschen Herz erfreue,
dass sein Angesicht schön werde vom Öl
und das Brot des Menschen Herz stärke.
16 Die Bäume des Herrn trinken sich satt,
ebenso die Zedern des Libanon, die er gepflanzt hat.
17 Darin nisten die Vögel,
und der Storch hat sein Nest in ihren Wipfeln.
18 Die hohen Berge sind eine Zuflucht für die Steinböcke
und die Felsen für die Klippschliefer[2].

19 Du hast den Mond gemacht für den Festkalender;
die Sonne kennt ihren Untergang.
20 Du machst Finsternis, damit es Nacht wird;
dann regen sich alle wilden Tiere,
21 und die jungen Löwen brüllen nach Beute,
um ihre Speise zu verlangen von Gott.
22 Wenn aber die Sonne aufgeht, ziehen sie sich zurück
und legen sich in ihre Höhlen.
23 Nun geht der Mensch heraus an seine Arbeit
und an sein Werk bis zum Abend.
24 Herr, wie sind deine Werke so groß und viel!
Du hast sie alle in Weisheit geordnet,
die Erde ist voll von deinen Geschöpfen.
25 Das Meer, groß und weit nach allen Seiten,
wimmelt ohne Zahl
von großen und kleinen Tieren.
26 Daselbst gehen die Schiffe;
da ist der Leviathan[3], den du gemacht hast,
darin zu spielen.

2 Kleines, murmeltierartiges Säugetier (Gattung Procavia), im gesamten Nahen Osten sowie in Teilen Afrikas verbreitet.

3 Wörtl. ›Der sich Windende‹; mythisches Ungeheuer des Meeres.

27 Sie alle hoffen auf dich,
dass du ihnen ihre Speise gibst zu seiner Zeit.
28 Wenn du ihnen gibst, so sammeln sie;
wenn du deine Hand auftust, so werden sie mit Gutem gesättigt.
29 Verbirgst du aber dein Angesicht, so erschrecken sie;
nimmst du weg ihren Odem, so vergehen sie
und werden wieder zu Staub.
30 Sendest du hingegen deinen Odem, so werden sie geschaffen,
und du erneuerst die Gestalt der Erde.

31 Die Ehre des Herrn sei ewig;
der Herr finde Wohlgefallen an seinen Werken.
32 Schaut er herab auf die Erde, so bebt sie;
rührt er die Berge an, so rauchen sie.
33 Ich will dem Herrn singen mein Leben lang
und meinen Gott loben, solange ich bin.
34 Meine Rede möge ihm wohl gefallen.
Ich will mich des Herrn erfreuen.
35 Die Sünder mögen von der Erde vertilgt werden,
und die Gottlosen sollen nicht mehr sein.
Lobe den Herrn, meine Seele!
Halleluja!

Nachwort

Der sogenannte *Große Sonnenhymnus* gehört heute ohne Zweifel zu den bekanntesten und berühmtesten Texten des pharaonischen Ägypten. In zahlreiche Sprachen übersetzt, verzichtet kaum eine allgemeinere Darstellung zur ägyptischen Kultur und Religion darauf, den Hymnus auszugsweise zu zitieren oder ihn wenigstens zu erwähnen. Bereits kurz nach seiner ersten Veröffentlichung im Jahre 1884 durch den französischen Ägyptologen Urbain Bouriant stieß der Text auch außerhalb des Faches auf ein breites Interesse, zunächst wegen der schon früh erkannten Nähe zum Psalm 104 der Bibel, in zunehmendem Maße aber auch wegen seiner dichterischen Kunstfertigkeit und poetischen Kraft. Nur wenige religiöse Texte der alten Ägypter vermögen den modernen Leser so direkt und unmittelbar anzusprechen wie der *Große Sonnenhymnus*. Dies hat zum einen mit der bereits erwähnten Bibelnähe zu tun, zum anderen mit seiner klaren Sprache, die auf komplexe mythologische Bezüge weitgehend verzichtet. Stattdessen findet sich eine ausdrucksstarke und reiche Schilderung des Kosmos und der Natur in einprägsamen und anschaulichen Bildern. Nicht zuletzt wegen dieser Bildhaftigkeit darf der *Große Sonnenhymnus* zu den herausragendsten religiösen Textzeugnissen der frühen Menschheitsgeschichte gezählt werden. Von nicht minderer Bedeutung ist der *Kleine Sonnenhymnus*, ein gleich in mehreren, nur geringfügig voneinander abweichenden Fassungen erhaltener Schwestertext zum *Großen Hymnus*.

Beide Hymnen entstanden während der Regierungszeit des Königs Echnaton um 1345 v. Chr. und nennen den Pharao selbst als Urheber. Wohl keine andere Herrscherpersönlichkeit der ägyptischen Geschichte wird in der Forschung wie in der Öffentlichkeit so kontrovers diskutiert wie der »Ketzerkönig« Echnaton, Gemahl der berühmten Nofretete. Er gilt gemeinhin als der erste Religionsstifter, da er dem ägyptischen Sonnengott eine quasi »monotheistische« Vormachtstellung innerhalb der offiziellen Staatsreligion einräumte. Diese Annahme trug nicht unwesentlich dazu bei, dass frühe Forscher in Echnaton einen Vorläufer der großen monotheistischen Religionsstifter wie Moses, Jesus und Mohammed zu erkennen glaubten, einen Idealisten und Visionär auf dem Königsthron. In krassem Gegensatz dazu steht die vor allem in jüngerer Zeit eher negative Bewertung des Königs, die in ihm einen absolutistischen, intoleranten und despotischen Herrscher sehen möchte, der eine Art diktatorisches Regime errichtet habe. Es mutet wie Ironie der Geschichte an, dass ausgerechnet jener Pharao, der wie kein anderer das ägyptische Konzept von Wahrheit und Gerechtigkeit, die Ma'at, für sich in Anspruch nahm, zur Projektionsfläche der unterschiedlichsten modernen Religionstheorien und Geschichtsauffassungen geworden ist. Der ägyptische Literaturnobelpreisträger Nagib Machfus zeigte sich von diesen gegensätzlichen Auffassungen und Wahrnehmungen ein und derselben historischen Person so fasziniert, dass er sie zum Leitmotiv seines Romans *Echnaton* (Originaltitel: *al-ᶜisch fi al-Haqiqa* ›Das Leben in der Wahrheit‹) aus dem Jahre 1985 machte. Der kanadische Komponist Philip Glass widmete dem umstrittenen König neben Gandhi und Einstein sogar eine eigene Oper mit dem Titel *Akhnaten*, uraufgeführt am 24. März 1984 in Stuttgart. Kaum ein anderer Pharao hat es vermocht, in der Neuzeit ein ähnliches Echo hervorzurufen wie Echnaton.

Als Amenophis IV. bestieg der Sohn und legitime Erbe seines Vorgängers Amenophis' III. um das Jahr 1351 v. Chr. den Pharaonenthron. Ägypten hatte in den Jahrzehnten zuvor einen wahren Aufstieg zur Weltmacht erlebt; Könige wie Thutmosis III. und Amenophis II. hatten die Grenzen des Landes im Norden bis nach Kleinasien und im Süden bis tief nach Nubien hinein ausgedehnt, so dass ihre Nachfolger ein Imperium regierten, das zur Hegemonialmacht in der gesamten Region geworden war. Thutmosis IV., Echnatons Großvater, beendete noch bestehende Konflikte mit dem Reich von Mitanni (im heutigen Grenzgebiet zwischen der Türkei, Syrien und dem Irak gelegen) und besiegelte die Friedensverhandlungen mit der Heirat einer mitannischen Prinzessin. Ägypten trat in eine längere Phase des Friedens und der außenpolitischen Stabilität ein. Die Regierungszeit Amenophis' III. markiert einen Glanzpunkt dieser Epoche; gewaltige Bauprojekte wurden in Angriff genommen, Waren aus aller Herren Länder strömten in die Residenzstädte Memphis und Theben, Gesandte und Händler reisten in die entlegensten Winkel des Reiches, die diplomatischen Kontakte reichten bis in den ägäischen Raum, nach Babylonien und zum Großreich der Hethiter. Am Königshof gab man sich weltoffen und pflegte einen verfeinerten Lebensstil, Luxusgüter aller Art erfreuten sich bei Höflingen und der Elite des Landes größter Beliebtheit: von wohlriechenden Salben, Parfümen und Ölen über reich verzierte Toilettenartikel, plissierte Gewänder aus hauchdünnen Stoffen, modische Perücken und kostbarste Schmuckstücke bis hin zu edlem Mobiliar. Erstmals wurde der neue Werkstoff Glas in großem Maßstab in den königlichen Werkstätten zu filigranen Gefäßen und Pretiosen verarbeitet. Doch nicht nur die materielle Kultur erlebte eine Blütezeit, auch die geistige Welt erfuhr vielfältige Bereicherungen um neue Ideen und Impulse.

Auf theologischer Ebene setzte ein intensiver Diskurs um die Qualität des Sonnengottes sowie dessen Verhältnis zum König ein. Seit den Pharaonen der 4. Dynastie (um 2640–2500 v. Chr.) war das Konzept des Königs als Sohn des Sonnengottes Re und Inkarnation des Himmelsgottes Horus durchdrungen von solaren Bezügen. Die Vormachtstellung des Königs in der Menschenwelt spiegelte

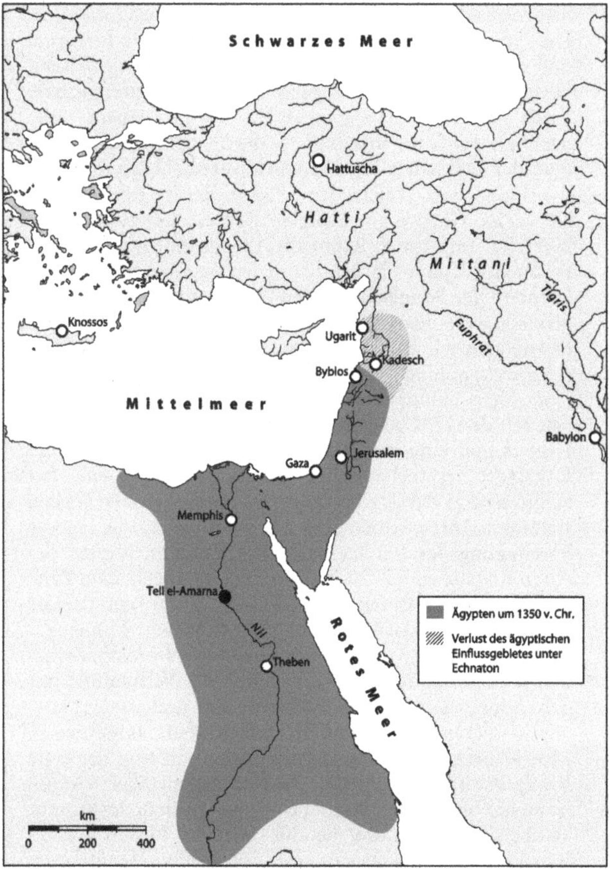

Schwarzes Meer
Hattuscha
Hatti
Mittani
Tigris
Euphrat
Knossos
Ugarit
Kadesch
Byblos
Mittelmeer
Babylon
Jerusalem
Gaza
Memphis
Tell el-Amarna
Nil
Theben
Rotes Meer
Ägypten um 1350 v. Chr.
Verlust des ägyptischen Einflussgebietes unter Echnaton
km
0
200
400

die Vormachtstellung des Sonnengottes in der Götterwelt. Der Sonnengott war *die* kosmische Entität schlechthin und als solche in Religion und Kult vielschichtig präsent, vornehmlich in seiner Eigenschaft als Schöpfergottheit, deren zyklischer Bewegungsablauf am Firmament – gedacht als Fahrt in einer Barke – die Schöpfung seit Anbeginn der Zeit jeden Tag neu konstituierte. Dabei durchlief der Sonnengott verschiedene Phasen der Transformation; so war er Chepre am Morgen, Re beziehungsweise Re-Harachte am Mittag, Atum am Abend und eine Inkorporation des Osiris bei Nacht. In letzter Konsequenz verkörperte der Sonnenlauf damit einen universalen Lebensprozess, von dem die Existenz der gesamten Welt, der diesseitigen wie der jenseitigen, der Götter- wie der Menschenwelt, abhing.

In diese allumfassende Konzeption des Sonnengottes war seit der 12. Dynastie (um 1975–1795 v. Chr.) auch der Gott Amun eingebunden. Amun war in erster Linie ein Lokalgott des thebanischen Raums und damit eine Art Schutzpatron der Dynastie, deren Herrscher aus Theben stammten. Ihren Vorgängern war von dort aus die erneute Vereinigung des Landes nach dem Zusammenbruch des Alten Reiches (um 2700–2170 v. Chr.) gelungen, dem Zeitalter der großen Pyramidenbauer. Amun war schon zuvor eine synkretistische Verbindung mit dem Gott Min eingegangen und besaß so alle Qualitäten eines Fruchtbarkeits- und Schöpfergottes, doch erst durch die Verbindung mit dem Sonnengott Re war Amun-Re zur universalen, kosmisch-solaren Welt- und Schöpfergottheit aufgestiegen, zum »König der Götter«. Programmatisch trug der erste König der 12. Dynastie den Namen Amenemhet: »Amun ist an der Spitze«. Es begann ein steter Ausbau des Amun-Tempels in Karnak, der sich im Laufe des Neuen Reiches (um 1550–1070 v. Chr.) zu einer der größten Tempelanlagen der Antike entwickeln sollte.

Auch die Könige der 18. Dynastie (um 1550–1290

v. Chr.), zu denen Amenophis III. und sein Sohn Echnaton zählen, fühlten sich dem Gott Amun in besonderer Weise verbunden, war es ihren Vorfahren doch wiederum von Theben aus gelungen, das Land nach der sogenannten Zweiten Zwischenzeit (um 1795–1550 v. Chr.) erneut zu vereinen. Durch die Beute ihrer Kriegszüge mehrten die Pharaonen der ersten Hälfte der 18. Dynastie den Tempelschatz des Amun ebenso wie durch großzügige königliche Stiftungen und Landschenkungen. Karnak wuchs zu einer wahren Tempelstadt mit zahlreichen Nebenheiligtümern, Prozessionswegen, Barkenstationen und Obelisken, aber auch profanen Verwaltungsgebäuden, Priesterklausen und Magazinen. Theben, die »Südliche Stadt«, trug nun den Beinamen »Oberägyptisches Heliopolis« in Anlehnung an das Kultzentrum des Sonnengottes Re-Harachte im unterägyptischen Heliopolis nahe der alten Hauptstadt Memphis.

Beide Götterkulte – derjenige des thebanischen Allgottes Amun-Re wie derjenige des heliopolitanischen Sonnengottes Re-Harachte – existierten zunächst ohne erkennbare Rivalität nebeneinander. Beide Götter waren zudem in zahlreiche Konstellationen und Handlungsgefüge mit anderen Göttern eingebunden – der Sonnengott als Oberhaupt des Götterrates, Amun als König der Götter mit eigener Götterfamilie. Der Sonnengott besaß Gastkulte in nahezu allen großen thebanischen Heiligtümern, wie umgekehrt der Gott Amun-Re außerhalb von Theben Gastkulte besaß.

Auch Echnatons Vater Amenophis III. zollte Amun-Re besondere Verehrung, doch kam es im Laufe seiner Regierung zu deutlichen Akzentverschiebungen. So veranlasste der König in Theben-West den Bau einer gewaltigen Tempelanlage als sein »Millionenjahrhaus«, die den Karnaktempel in seiner damaligen Größe bei weitem übertraf. Heute zeugen nur noch zwei knapp 20 Meter hohe Kolossalfiguren des Königs, die berühmten Memnoskolosse, von den einstigen Dimensionen dieses Riesenbaus. Nur wenige Kilometer entfernt erhob sich der ebenfalls riesenhafte Palastkomplex des Herrschers mit dem programmatischen Namen »Die Sonne erstrahlt«, in dem er zusammen mit seiner ›Großen Königsgemahlin‹ Teje, Echnatons Mutter, residierte. Von dort dürfte auch eine knapp 7 Meter hohe Statuengruppe des Herrscherpaares stammen, die heute den Mittelsaal des Ägyptischen Museums in Kairo überragt. Die Statuengruppe führt eindrucksvoll die buchstäblich ins Monumentale gesteigerte Emphase auf das Königtum dieser Zeit vor Augen; analog zur Götterwelt mit ihren zahlreichen Paarkonstellationen – man denke an den Sonnengott Re mit seiner Begleiterin Ma'at, an Amun mit seiner Gattin Mut, an Osiris mit seiner Schwestergemahlin Isis – trat nun auch der König mit seiner Gemahlin auf ideologisch-dogmatischer Ebene in eine solche Paarkonstellation ein. So heißt es von der Königin Teje im Grab ihres Haushofmeisters Cheruef, sie sei »im Gefolge Seiner Majestät wie die Göttin Ma'at im Gefolge des Re«. Die göttliche Qualität des Herrschers manifestierte sich zugleich in hunderten von neu in Auftrag gegebenen Götterstatuen, die deutlich die Gesichtszüge Amenophis' III. trugen und über das ganze Land verteilt aufgestellt wurden.

Bereits in der ersten Hälfte der Regierungszeit Amenophis' III. setzte eine immer stärkere Fokussierung auf den solaren Aspekt des Königtums ein. Eine ganze Serie sogenannter »Gedenkskarabäen« mit der Datumsangabe »Regierungsjahr 11, Monat 3 der *achet*-Jahreszeit, Tag 1« verkündete den »Befehl Seiner Majestät: Das Ausheben eines Hafenbeckens für die Große Königsgemahlin Teje, sie möge leben, in ihrem Ort namens Djo-ruha. Seine Länge: 3700 Ellen (etwa 2 km), seine Breite: 700 Ellen (etwa 360 m). Seine Majestät beging das Fest der Eröffnung des Hafenbeckens im Monat 3 der *achet*-Jahreszeit, Tag 16. Das Befahren (durch) seine Majestät (geschah) in der Königsbarke ›Die Sonne erstrahlt‹ in seiner (= Hafenbecken) Mitte.« Die Festzeremonie steckt voller Anspielungen auf die solare Qualität des Königs; wie der Sonnengott, der mit seiner Barke den Himmel überquert, überquert der König in seiner Barke den künstlich angelegten See. Die Barke trägt dabei den Namen des Königspalastes und assoziiert den in ihr befindlichen König mit dem Sonnengott.

So wie der König im Laufe der Zeit immer mehr Aspekte des Sonnengottes auf sich vereinte, vereinte auch die Königin immer mehr Aspekte von primär kosmisch-solaren Göttinnen auf sich. Ein Gipfelpunkt dieser Entwicklung war die Parallelisierung der Teje mit der Göttin Hathor im Tempel von Sedeinga im südlichen Nubien zwischen dem 2. und 3. Nilkatarakt. Auch Amenophis III. trat in Nubien als eigenständige Gottheit in Erscheinung, und zwar als Lokalgott »Neb-Maat-Re, Herr von Nubien« in der ihm geweihten Tempelfestung von Soleb, nur wenige Kilometer südlich von Sedeinga gelegen. Der Name des neuen Gottes ist aus dem Thronnamen des Königs gebildet, und die Reliefs des Tempels zeigen den Herrscher beim Vollzug von Kulthandlungen vor seinem eigenen Götterbild.

Wie kaum ein anderer Pharao hatte Amenophis III. durch ein gigantisches Bau- und Statuenprogramm sowie durch sein Auftreten im Rahmen von Festen und Ritualen seine eigene Vergöttlichung vorangetrieben. Zugleich erlebte die offizielle Staatsreligion eine immer stärkere Ausrichtung auf den Sonnengott, und zwar insbesondere auf dessen sichtbare Erscheinungsform als Himmelskörper. Die Position des Gottes Amun-Re blieb dabei zunächst völlig unangetastet, besaß er doch auf theologischer Ebene selbst alle Qualitäten einer solaren Gottheit.

Nach dem Tod des ägyptischen »Roi Soleil« knüpfte sein Sohn und Nachfolger zunächst an die Regierung seines Vaters an. Noch unter seinem Geburtsnamen Ameno-

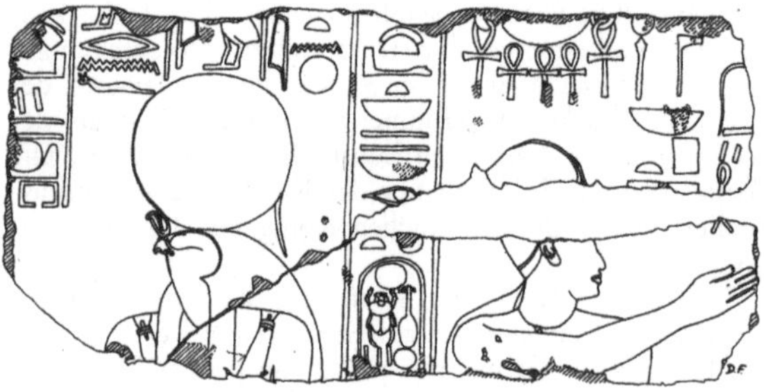

Abb. 1: Reliefblock (Umzeichnung) mit einer frühen Darstellung des Aton (links) und Amenophis IV. / Echnaton (rechts). Ursprünglich aus einem Sonnenheiligtum in Karnak, unter Pharao Haremhab im 10. Pylon des Amun-Tempels verbaut. Berlin, Ägyptisches Museum 2072.

phis, dem ägyptischen *Imen-hetep* (›Amun ist zufrieden‹), ließ er in den Steinbrüchen vom Gebel el-Silsila Baumaterial für ein Obelisken-Heiligtum in Karnak brechen, das dem Gott Re-Harachte »in seiner Eigenschaft als Licht, das in der Sonne ist«, geweiht war. Das Giebelfeld der Stele, die dieses Ereignis verzeichnet, zeigt allerdings nicht den Gott Re-Harachte, sondern den Hauptgott von Karnak Amun-Re. Noch stand Amun als Herr von Karnak an der Spitze der Götter, doch schimmerte bereits die Morgenröte einer neuen Ära am Horizont.

Den Namen des Re-Harachte hatte Amenophis IV. von Beginn seiner Regierung an obligatorisch um den Zusatz »der im Horizont jubelt in seiner Eigenschaft als Licht, das in der Sonne ist« erweitert und den Gott damit im wesentlichen als Lichtgottheit definiert. Frühe Darstellungen zeigen diesen »neuen« Sonnengott noch in der traditionellen Ikonographie des Re-Harachte mit Menschenkörper, Falkenkopf und Sonnenscheibe (Abb. 1). Der König selbst hatte den Titel eines »Hohenpriesters« dieses Gottes angenommen.

Wohl bereits vor Fertigstellung des Obelisken-Heiligtums für Re-Harachte gab Amenophis IV. in Karnak ein neues Bauwerk in Auftrag, das den bezeichnenden Namen Gem-pa-Iten (›Aton ist gefunden‹) trug. Aton war eine Bezeichnung für die sichtbare Erscheinungsform des Sonnengottes als Himmelskörper und diente fortan als eine Art Kurzname für den »neuen« Gott, bei dem es sich im Grunde um den alten Gott Re-Harachte handelte. Dessen Name, erweitert um den seit Beginn der Regierung geschriebenen Zusatz, wurde von jetzt ab wie ein Königsname in Kartuschen geschrieben. Sein neuer Tempel in Karnak-Ost umschloss ein weitläufiges Areal und wurde in einer völlig neuartigen Bauweise errichtet. Statt großer Steinquader kamen nun kleine, gleichförmige Blöcke aus Sandstein zum Einsatz, die sogenannten Talatat, die sich leichter transportieren und schneller verbauen ließen. Doch nicht nur die Bauweise, auch die Architektur mit großflächigen, offenen Innenhöfen war neu, ebenso wie das Dekorationsprogramm der Tempelanlage. In bislang nicht gekanntem Umfang erscheinen Würdenträger, Tempelpersonal, Musikanten und Diener, aber auch Tiere und Pflanzen auf den Reliefs. Im Mittelpunkt steht dabei immer der König in Begleitung seiner ›Großen Königsgemahlin‹ Nofretete bei verschiedenen Opferritualen und Festgeschehen, aber auch bei vermeintlich »privaten« Tätigkeiten wie beispielsweise einem gemeinsamen Mahl. Tatsächlich war selbst die Nahrungsaufnahme des Herrscherpaares zu einem sakralen Akt geworden, zum Ausdruck der Versorgung und Belebung der Welt durch den Sonnengott.

Zwei weitere, kleinere Tempel für Aton entstanden neben dem Gem-pa-Iten, der in einer letzten Bauphase um ein Benben-Heiligtum erweitert wurde. Der Benben-Stein von Heliopolis symbolisierte den Urhügel und galt als die

Stelle, welche die Strahlen der aufgehenden Sonne als erstes berührten; die Spitzen von Obelisken und Pyramiden wurden daher *benbenet* genannt. Ein leider nur sehr fragmentarisch erhaltener Text aus einem dieser Tempel berichtet, wie der König mit gelehrten Priestern offenbar über die Vergänglichkeit von Kulteinrichtungen für die Götter sprach. Dabei betont er sein allgemeines Wissen über deren Heiligtümer und seine Kenntnis uralter Tempelinventare. Die Vergänglichkeit speziell der Kultbilder scheint für den König Anlass gewesen zu sein, auf jegliche Kultbilder für den Sonnengott zu verzichten und statt dessen die Sonne selbst zum »Kultbild« zu machen. Die traditionelle Darstellung des Sonnengottes mit menschlichem Körper und Falkenkopf wurde durch das neue Ikon des »Strahlenaton« ersetzt, das fortan omnipräsent auf allen Reliefs der neuen Aton-Heiligtümer erscheint.

Zu den wohl augenfälligsten Neuerungen dieser Bauwerke gehört der eigenwillige künstlerische Stil der Reliefs und Statuen. Der König hatte offenbar persönlich einen neuen Darstellungstypus seiner selbst, der Angehörigen des Königshauses, ja sogar der Natur und ihrer Geschöpfe entworfen. Der Bildhauer Bak verkündet in einer Inschrift, er sei »einer, den Seine Majestät selbst unterwiesen hat«. Zeigten traditionelle Bildwerke die Pharaonen stets mit athletischem Körperbau und idealisierten Gesichtszügen, so erscheinen König und Königin jetzt mit schmalen Schultern, dünnen Armen, dicklichem Bauch und breiten Hüften. Auch die Gesichter wirken durch ein überlanges Kinn, aufgeworfene Lippen und schlitzförmige Augen äußerst expressiv. Amenophis IV. hatte begonnen, buchstäblich das Bild einer ganzen Epoche zu verändern.

Wohl im Rahmen eines groß angelegten Sed-Festes um das Jahr 3 seiner Regierung, das in unmittelbarem Zusammenhang mit der Einweihung des Gem-pa-Iten-Heiligtums in Karnak-Ost stehen dürfte, proklamierte der König die neue Erscheinungsform des Sonnengottes und dessen absolute Vormachtstellung vor allen anderen Göttern. Umfangreiche Listen auf den Tempelwänden regelten die Abgaben für die traditionellen Götter und ihre Kultorte neu, denn »es ist doch so, dass die Abgaben für jeden Gott mit dem Normmaß gemessen werden, aber für Aton wird mit überquellendem Maß gemessen«, wie es der Beamte Parennefer in seinem Grab in Theben-West formuliert.

Karnak mit seinen alteingesessenen Götterkulten und Tempelstätten konnte jedoch auf Dauer kein angemessener Ort für die Umsetzung der neuen und immer radikaleren Vorstellungen des Königs sein, zumal hier der zunehmend verhasste Amun als Götterkönig residierte. Auch das altehrwürdige Kultzentrum des Sonnengottes Re-Harachte in Heliopolis scheint den Anforderungen nicht entsprochen zu haben, weshalb der König die Gründung einer neuen Residenzstadt als »Denkmal für seinen (= des Sonnengottes) Namen in alle Ewigkeit« beschloss. Schließlich wurde dafür ein Ort etwa 310 km südlich des modernen Kairo in der heutigen Provinz Minya in Mittelägypten erkoren, »der keinem Gott gehörte, der keiner Göttin gehörte, der keinem Herrscher gehörte, der keiner Herrscherin gehörte, der keinem Beamten oder irgend jemandem sonst gehörte«. Auf dem Ostufer des Nil gelegen, dem Ort des Sonnenaufgangs, bildeten steil aufragende Gebirgszüge, die im Norden und Süden direkt bis an das fruchtbare Schwemmland des Nil heranreichten, eine Art natürliche Begrenzung des Geländes. Anlässlich der Gründungszeremonien im Jahr 5 ließ der König an mehreren Stellen des Ost- und Westufers großformatige Grenzstelen in den anstehenden Fels schlagen, die den König bei seinem neuen Geburtsnamen Echnaton (›Der dem Aton dienlich ist‹) nennen. Die neue Stadt trug den Namen Achet-Iten (›Horizont des Aton‹), besser bekannt unter der modernen Bezeichnung Amarna. Der Ort besaß zugleich alle Qualitäten einer »Stätte des Ersten Mals«, von der aus nach der traditionellen Kosmogonie der

Ägypter die Schöpfung der Welt ihren Ausgang nahm. Hier trat der König in Analogie zum Sonnengott als Schöpfer in Erscheinung, auf dessen Geheiß ein neuer Lebensraum für dreißig- bis fünfzigtausend Einwohner entstand. Auf einer Länge von etwa 9 km und einer Breite von bis zu 1 km wurden neben dem Stadtzentrum eine Nordstadt sowie eine nördliche und eine südliche Vorstadt angelegt. Innerhalb kürzester Zeit stampften Arbeiter hier Tempel- und Palastanlagen, Verwaltungsgebäude, Gewerbebetriebe, Villenviertel und Wohnquartiere samt Gärten und Teichanlagen sowie ein ausgedehntes Straßen- und Wegenetz aus dem Boden.

Im Zentrum der Stadt lag der Per-Iten, der sogenannte »Große Aton-Tempel«, ein ummauerter Bezirk von 270 × 760 m Ausdehnung. Im vorderen Teil der Anlage erhoben sich die Tempelbauten des Per-hai und des Gem-pa-Iten, im hinteren Teil befand sich ein Benben-Heiligtum sowie das eigentliche Hauptsanktuar. Die offenen Höfe des Per-Iten waren mit hunderten von Altären bestückt, auf denen dem Sonnengott täglich gewaltige Mengen Opfergaben dargebracht wurden. Nicht nur diese zahlreichen Opferstellen unter freiem Himmel unterscheiden die Aton-Heiligtümer von den konventionellen Tempelbauten mit ihren geschlossenen Sanktuaren, auch die oben offenen Tordurchgänge der Pylone sind eine Besonderheit von Amarna, die vielleicht auf Vorbilder der heute verschwundenen Tempel in Heliopolis zurückgeht. Der Tempelkomplex des Per-Iten grenzte an die zentrale Hauptstraße der Stadt, ihm direkt gegenüber lag die Palastanlage des Königs. Tempel und Palast waren durch einen brückenartigen Übergang miteinander verbunden. Wenige Hundert Meter südlich befand sich ein weiteres Heiligtum, das Pa-hut-Iten. Es war deutlich kleiner als der Per-Iten und besaß drei aufeinander folgende Pylonbauten; das Sanktuar im hinteren Teil der Anlage ähnelte im Grundriss dem des Großen Atontempels. Am südlichen Ende der Stadt bilde-

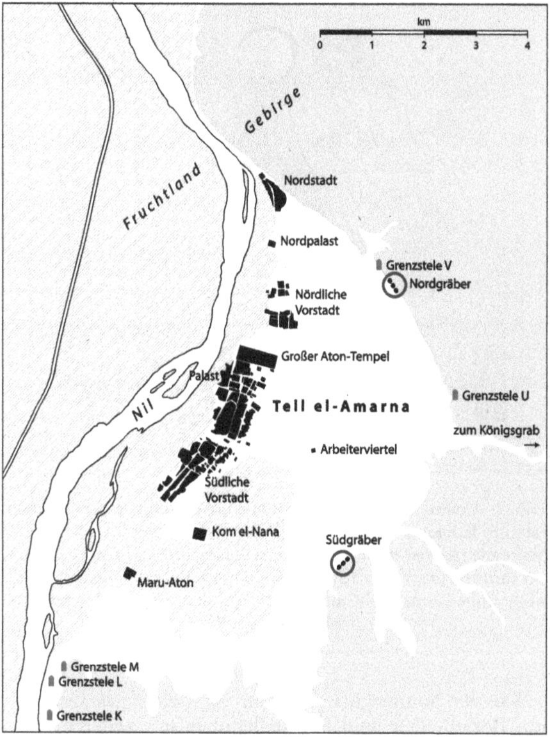

ten zwei Maru-en-pa-Iten genannte Gartenheiligtümer mit künstlich angelegten Seen weitere Kultstätten für den Sonnengott. Doch nicht nur in Amarna und in Theben, auch in der alten Reichshauptstadt Memphis wurden neue Aton-Heiligtümer in Betrieb genommen.

Abb. 2: Altarstele (Umzeichnung) mit Darstellung der königlichen Familie; Echnaton (links) mit der ältesten Tochter Meritaton und Nofretete (rechts) mit den Töchtern Maketaton und Anchesenpaaton thronen unter den Strahlen des Sonnengottes. Kalkstein. Herkunft unbekannt, wohl aus Tell el-Amarna. Berlin, Ägyptisches Museum 14145.

War der Sonnengott zuvor in ein vielfältiges Geflecht von Beziehungen und Konstellationen mit anderen Göttern eingebunden, so trat er in Amarna nur noch in Verbindung mit dem Königspaar in Erscheinung. Aton, König und Königin bildeten hier das alleinige Konstellationsgefüge. Mehrere erhaltene Altarstelen zeigen das Königspaar unter dem Ikon des Strahlenaton als die »Heilige Trinität« von Amarna nach dem Vorbild der traditionellen Götterfamilien (Abb. 2). Schon Echnatons Vater Amenophis III. war mit seiner Gemahlin Teje auf ideologisch-dogmatischer Ebene in eine ähnliche Paarkonstellation eingetreten, doch erst sein Sohn erweiterte die Paarkonstellation um die Komponente des Sonnengottes, zu der er in direkter Beziehung stand. Der König hatte sich damit zum alleinigen Mittler zwischen Gott und Menschen gemacht – »Es gibt keinen anderen, der dich kennt, außer deinem Sohn« heißt es im *Großen Sonnenhymnus*. Durch die radikale Monopolisierung auf den König wurde dieser selbst zum »Schicksalsgott« eines jeden einzelnen, der »eine Lebenszeit in Freude gewähren möge sowie Nahrung und Speisen, wie nur er sie gibt.« Schon zu Lebzeiten erhielt der König in Amarna einen eigenen Kult; so trägt beispielsweise der Beamte Panehesi den Titel eines »Zweiten Priesters des Herrn Beider Länder«. Im offiziellen dogmatischen System von Amarna bedurfte es keiner weiteren Götter mehr, denn das Königspaar hatte deren Funktionen vollständig assimiliert.

Um das Jahr 9 seiner Regierung scheint Echnaton größere theologische Kurskorrekturen vorgenommen zu haben, denn er veränderte den in Kartuschen geschriebenen Gottesnamen des Aton. Der Bestandteil Re-Harachte und das Wort für Licht sowie das folgende Relativadjektiv wurden ersetzt – der Gott hieß nun »Re, der horizontische Herrscher, der im Horizont jubelt in seiner Eigenschaft als Strahlkraft (?), die aus der Sonne kommt (?)«. Trotz Unsicherheiten in der Übersetzung lässt sich erkennen, dass der Gottesname nunmehr um alle Bezüge auf den heliopolitanischen Sonnengott Re-Harachte bereinigt wirkt.

Schon zuvor hatte der König mit Änderung seines eigenen Geburtsnamens von Amenophis (*Imen-hetep*) zu Echnaton (*Ach-en-Iten*) eine ähnliche Korrektur unternommen. Wahrscheinlich stand diese Namensänderung in unmittelbarem Zusammenhang mit dem wohl dramatischsten Ereignis seiner Regierungszeit, das ihm in der

Neuzeit den wenig schmeichelhaften Beinamen »Ketzerkönig« einbrachte: der tätliche Angriff auf den Gott Amun und aller mit ihm assoziierten Götter. Mit geradezu fanatischem Eifer wurden im ganzen Land, vor allem aber in Theben, sämtliche erreichbaren Namen und Darstellungen des Amun zerstört. Selbst die Spitzen meterhoher Obelisken und die Gräber von Privatleuten blieben nicht verschont, ja sogar den Namen seines Vaters Amenophis ließ Echnaton verstümmeln, da er den Bestandteil Amun enthielt. Die genauen Gründe für diesen massiven Bildersturm liegen im Dunkeln. Die alte Vorstellung, es habe eine »übermächtige Amun-Priesterschaft« gegeben, derer sich der König entledigen wollte, ist sehr unwahrscheinlich, da der Amun-Kult seit jeher aufs engste mit dem Königtum verknüpft war und sich – jedenfalls aus heutiger Sicht – auf keiner Seite irgendwelche Anzeichen einer Opposition erkennen lassen. Noch Echnatons Vater Amenophis III. hatte den Amun-Kult vor allem in seinen solaren Aspekten massiv gefördert. Ebenso unwahrscheinlich ist die Annahme, es handele sich um eine Art »monotheistisch« motivierten Ikonoklasmus, denn der König ließ die Darstellungen des Amun im »Millionenjahrhaus« seines Vaters in Theben-West nicht allein durch Darstellungen seines Vaters, sondern auch durch Darstellungen der Götter Ptah und Ptah-Sokar-Osiris ersetzen, wie überhaupt die Verfolgung der anderen Götter inkonsequenter und – sofern überhaupt – in weit geringerem Maße erfolgte als die des Amun. Eine wahrscheinlichere Erklärung dürfte die vom König beabsichtigte Monopolisierung des theologischen Systems auf den Sonnengott und auf seine eigene Person sein, was dem Konzept eines universalen »Götterkönigs« Amun zuwiderlief. Darauf scheint auch die starke Betonung von Atons Königsaspekt hinzuweisen, wie sie durch die Schreibung des Gottesnamens in Kartuschen überdeutlich zum Ausdruck kommt. Ein Nebeneinander der zwei Götterkönige war mit dem von Echnaton so vehement vertretenen Konzept der Ma'at, der Wahrheit und Gerechtigkeit, und seiner immer wieder betonten »Lehre« offenbar nicht länger vereinbar. In den Augen der Ägypter muss die Attacke auf Amun und die damit beabsichtigte endgültige Vernichtung des Gottes ein Sakrileg gewesen sein, das die religiöse Welt bis in ihre Grundfesten erschüttern sollte.

Der Karnak-Tempel wurde geschlossen und wahrscheinlich die Kultbilder des Gottes Amun zerstört. Dass auch das Aton-Heiligtum in Karnak-Ost nach dem Umzug in die neue Hauptstadt Achet-Iten aufgegeben worden sei, wie dies von manchen Wissenschaftlern angenommen wird, scheint wenig plausibel und lässt sich archäologisch nicht nachweisen. Die missverständliche Aussage des Königs auf den Grenzstelen, er wolle »die südliche Stele von Achet-Iten nicht nach Süden überschreiten und die nördliche Stele von Achet-Iten nicht nach Norden«, bezieht sich jedenfalls auf die Ausdehnung der Stadtanlage und nicht etwa darauf, dass er selbst geplant habe, von nun an immer in Amarna zu bleiben und die Stadt nie mehr zu verlassen. Im Gegenteil hatte er für den Fall, dass er »in den Millionen von Jahren«, die er sich als Regierungszeit von seinem Vater, dem Sonnengott, erhoffte, »in einer Stadt nördlich, südlich, westlich oder östlich« von Amarna sterben sollte, auf den Grenzstelen explizit angeordnet, sein Leichnam solle nach Achet-Iten gebracht und dort beigesetzt werden. Die gleiche Anordnung traf er auch für Nofretete und seine Töchter.

Vorsorglich hatte man daher unmittelbar nach Gründung der Stadt mit der Anlage des Königsgrabes begonnen, das sich in seiner Architektur an Vorbildern der Königsgräber in Theben-West orientierte. Es lag jedoch nicht wie diese auf dem Westufer des Nils, dem symbolischen Ort der Jenseitswelt, sondern auf dem Ostufer, dem Ort des Sonnenaufgangs, am Ende eines tief in die Gebirgskette von Amarna hineinreichenden Wadis. Anfänglich hatte der König noch den Plan, auch eine Nekropole für den Mnevis-Stier anzulegen, einer spezifisch heliopolitanischen Erscheinungsform des Sonnengottes, dieses Vorhaben später aber anscheinend wieder aufgegeben. Zur teilweisen Ausführung gelangten hingegen knapp vierzig Felsengräber von hohen Würdenträgern und Beamten, die dem Wunsch des Königs gemäß ebenfalls »im östlichen Berg von Achet-Iten« angelegt wurden. Sie bilden eine nördliche und eine südliche Gruppe, die sich architektonisch geringfügig voneinander unterscheiden und insgesamt verschiedene Stadien der Fertigstellung aufweisen. Die Architektur orientiert sich wie das Königsgrab an thebanischen Vorbildern, doch ist das Dekorationsprogramm völlig neuartig. Es bildet eine Art Mikrokosmos von Amarna: König und Königin stehen jeweils im Zentrum, umgeben von Angehörigen des Hofstaates und häufig in Begleitung von Militär, wie sie sich unter den Strahlen des Sonnengottes vom Palast zu den Tempeln begeben, dort Opfer- und Ritualhandlungen für Aton durchführen oder den Grabherrn öffentlich auszeichnen, Tribute ausländischer Gesandtschaften entgegennehmen oder mit der Königinmutter speisen. Zusammen mit der Darstellung wichtiger Gebäude wie dem »Großen Aton-Tempel« oder den Palastanlagen entfaltet sich auf diese Weise an den Grabwänden ein Bild der Stadt mit ihren Bewohnern en miniature.

Dazu zählen auch die teils umfangreichen Texte der Gräber als »versteinerte Worte«. Sie umfassen Hymnen, Biographien, Fürbitten für den König, Wünsche für das Jenseits und Makarismen (Seligpreisungen). Häufig sind dabei die hymnischen Texte an den Sonnengott mit Fürbitten seitens des Grabherrn für den König kombiniert. Eine Ausnahme bilden in dieser Hinsicht der *Große* und der *Kleine Sonnenhymnus*, die explizit den König als Sprecher nennen. Die Hymnen gehören im Wesentlichen der als »spätmittelägyptisch« bezeichneten Sprachstufe des

Ägyptischen an, die von einer weitgehend mittelägyptischen Satzstruktur und Orthographie mit einigen neuägyptischen Formen, Wörtern und Schreibungen gekennzeichnet ist.

Der *Große Sonnenhymnus* ist nur ein einziges Mal im Grab des Eje (Grab Nr. 25, Südgruppe) belegt. Er nimmt in 13 Kolumnen die rechte Seite des kurzen Eingangskorridors ein. Sechs Jahre nach seiner Erstpublikation 1884 wurde etwa ein Drittel des Originaltextes zerstört. Unterhalb des Textes befindet sich die Darstellung des Grabherrn und seiner Frau, wie sie dem Grabeingang zugewendet der aufgehenden Sonne huldigen. Eje gehörte zu den höchsten und einflussreichsten Würdenträgern unter Echnaton, der als »graue Eminenz« auch unter dessen Nachfolgern einer der mächtigsten Männer des Staates blieb. Als mit Tutanchamun der letzte legitime Abkömmling der 18. Dynastie starb, heiratete er vielleicht dessen junge Witwe und bestieg in bereits fortgeschrittenem Alter selbst den Pharaonenthron. Während der vier Jahre seiner Regierung scheint er die unter seinem Vorgänger begonnene Politik der Restauration weiter vorangetrieben zu haben. Er wird von den nachfolgenden Ramessiden dennoch als illegitimer Pharao betrachtet und in den offiziellen Königslisten übergangen. Sein neu angelegtes Königsgrab im Tal der Könige in Theben-West wurde entweiht und seine Namen zum Teil getilgt. Im Grab des May in Amarna (Grab 14, Südgruppe) hat sich auf der linken Seite des Eingangskorridors ein längerer Hymnus erhalten, dessen Anfang bis auf geringe Abweichungen mit dem Anfang des *Großen Hymnus* im Grab des Eje übereinstimmt.

Der *Kleine Hymnus* ist in fünf Gräbern mit insgesamt neun Textzeugen vertreten. Von diesen lassen sich drei Versionen unterscheiden, die teils verschieden lang sind.

Die besterhaltene Version findet sich im Grab des Ipy (Grab Nr. 10, Südgruppe) auf der rechten Seite des Eingangskorridors; eine gleichlautende Fassung auf der ge-

genüberliegenden Seite ist nur in Vorzeichnung ausgeführt. Die zwei Fassungen im Grab des Ipy sind bis auf die Schreibung des Gottesnamens weitgehend identisch mit denjenigen im Grab des Mahu (Grab Nr. 9, Südgruppe). Auch hier finden sich zwei gleichlautende Fassungen beiderseits des Eingangskorridors sowie zwei weitere auf einer Stele beziehungsweise einer Scheintür an den Schmalseiten der Querhalle. Mit insgesamt sechs Fassungen, die auf nur zwei Gräber verteilt sind, ist diese Version des *Kleinen Hymnus* zugleich die am häufigsten belegte.

Eine zweite Version hat sich in den Gräbern des Merire (Grab Nr. 4, Nordgruppe) und des Any (Grab Nr. 23, Südgruppe) erhalten. Die Fassung im Grab des Merire befindet sich auf der rechten Seite des Durchgangs zur vorderen Säulenhalle und ist zugleich das einzige Vorkommen des Hymnus in der Gruppe der Nordgräber. Die Fassung im Grab des Any wurde nur in Vorzeichnung auf der linken Seite des Eingangskorridors ausgeführt.

Die längste und von den zwei anderen am stärksten unterschiedene Version bietet das Grab des Tutu (Grab Nr. 8, Südgruppe). Sie nimmt 20 Kolumnen an der linken Seite des Eingangskorridors unterhalb einer Darstellung des Herrscherpaares ein. Da die unmittelbar anschließende Kolumne weitgehend zerstört ist, bleibt das Ende des Hymnus unklar. Eventuell begann in der zerstörten Kolumne aber bereits die Titulatur des Tutu, so dass der eigentliche Hymnentext möglicherweise doch vollständig ist.

Der weitaus häufigste Anbringungsort der Hymnen in den Gräbern von Amarna ist der Eingangskorridor, wo sich bereits in den Gräbern von Theben-West Hymnen an den Sonnengott befinden konnten. Als Tordurchgang stellt er die symbolische Verbindung zwischen der diesseitigen Außenwelt und der jenseitigen Innenwelt des Grabes dar. Nach ägyptischer Vorstellung konnte der Verstorbene in seiner jenseitigen Existenz aus seinem Grab heraustreten und zwischen beiden Welten hin- und herwandeln; die

Texte am Grabeingang sind somit dem täglichen Ein- und Ausgehen des Grabherrn zugeordnet. Sobald die ersten Sonnenstrahlen am Morgen auf die Grabfassade treffen, begrüßt der Grabherr den Sonnengott mit der am Eingang aufgezeichneten hymnischen Rede. Auf diese Weise wird eine immer wiederkehrende Kommunikationssituation erzeugt, die den Verstorbenen mit dem Sonnengott in Beziehung setzt und ihn an dessen allmorgendlichem Aufgang teilhaben lässt. Diese Teilhabe ist dabei nicht auf das Lobpreisen beschränkt, sondern stellt vielmehr einen Sprechakt[1] dar, in dessen Verlauf der Sonnengott die Schöpfung jeweils neu in Kraft setzt und Sprecher wie Schöpfung neu belebt. Insoweit sind die Hymnen keine reinen Jenseitstexte, sondern besitzen eine übergeordnete Relevanz als fester Bestandteil des Sonnenkultes in Amarna.

Die *Sonnenhymnen* wirken auf den ersten Blick wie in sich abgeschlossene, zusammenhängend komponierte Werke ägyptischer Dichtkunst. Dies gilt in besonderem Maße für den *Großen Sonnenhymnus*, der ohne Zweifel als absolutes Meisterwerk der ägyptischen Hymnik zu gelten hat. Gerade die drei verschiedenen Versionen des *Kleinen Hymnus* zeigen jedoch, dass offenkundig mehrere voneinander abweichende Vorlagen ein und desselben Ausgangstextes existierten, man also durchaus konstruktiv mit dem Textmaterial umging. Dies gilt sogar dann, wenn als Urheber der König selbst in Erscheinung tritt. Der in seinem Anfang mit dem *Großen Hymnus* parallel laufende Text im Grab des May zeigt zudem, dass ein Hymnus aus verschiedenen Quellen kompiliert sein konnte respektive aus anderen Hymnen passagenweise »zitiert« wurde. Es

1 Die mit »Lobpreisen« beziehungsweise »Er sagt« eingeleiteten *Sonnenhymnen* sind in erster Linie Ausdruck einer oralen Kultur. Durch ihre schriftliche Fixierung an der Grabwand entsteht mit den Worten Konrad Ehlichs eine »zerdehnte Sprechsituation«; in ihrer nonverbalen Gestalt als Text sind die Hymnen zwar einer konkreten Sprachäußerung enthoben, behalten ihren Charakter als Sprechakt aber bei.

ist daher nicht gänzlich auszuschließen, dass auch der *Große Sonnenhymnus* eine Kompilation aus mehreren Quellen darstellt. Ein Indiz dafür sind die teils wörtlichen Parallelen zwischen dem *Großen* und dem *Kleinen Hymnus*, die vermuten lassen, dass bei der Erstellung der Texte auf gemeinsame Vorlagen zurückgegriffen wurde. Derartige Vorlagen entstammten sicher dem königlichen Umfeld, zu dem die betreffenden Grabinhaber gehörten und aufgrund dessen sie Zugang zu kultisch-religiösem Textgut hatten. Aus diesem Textgut schöpfend, entstanden dann die Hymnen für die Gräber, die in weiten Teilen sicher direkte Übernahmen der Vorlagen beinhalten. Dafür sprechen auch die von der Alltagssprache abweichenden rhetorischen Stilmittel der Texte, die in besonderer Weise die zweifelsfrei als ästhetisch empfundene Sprachform der Hymnen auszeichnet.

Übergreifendes und zentrales Thema beider Hymnen, des *Großen* wie des *Kleinen Sonnenhymnus*, ist die Einzigartigkeit und Singularität des Sonnengottes als Schöpfer und Erhalter der Welt. Über die Schöpferqualität hinaus werden seine kosmischen Qualitäten als Himmelskörper und seine Königsqualität besonders betont, Letztere vor allem in Hinblick auf den irdischen König als seinen Sohn. Er ist der einzige, der seinen himmlischen Vater, den Sonnengott, genau kennt, und er allein trägt ihn im Herzen. Die exklusive Position des Sonnengottes am Firmament findet ihre Entsprechung in der exklusiven Position des Königs auf Erden.

Die inhaltliche Aussage wird auf sprachlicher Ebene durch ein hohes Maß an poetischer Strukturierung unterstrichen. Hier sind vor allem die verschiedenen Stilmittel hervorzuheben, die sich nicht nur als schmückendes, über den Text verteiltes Beiwerk, sondern als zielgerichtet eingesetztes, gestalterisches Prinzip erweisen und die mit dem jeweiligen Inhalt der einzelnen Kapitel korrespondieren. So wird beispielsweise die Bedeutung des vierten Kapitels im *Großen Sonnenhymnus*, das die Schöpferqualität des Sonnengottes preist, durch eine Häufung von morphologischen (Wortfiguren) und phonologischen (Lautfiguren) Stilmitteln besonders betont; umgekehrt fällt das Fehlen derartiger Stilmittel im zweiten Kapitel auf, das die Abwesenheit des Sonnengottes bei Nacht zum Gegenstand hat.

Ein nicht unwesentliches Moment, das vor allem die heutige Attraktivität der Hymnen ausmacht, ist neben deren Poetik ihr weitgehender Verzicht auf komplexe mythologische Bezüge. So fehlen jegliche Anspielungen auf die Fahrt des Sonnengottes in seiner Barke über den Nachthimmel, wie sich überhaupt der gesamte Sonnenlauf ohne irgendein Zutun Dritter vollzieht; Schöpfung und Sonnenaufgang sind für Aton zwar anstrengend, doch bedarf er offenbar keiner Erneuerung oder Regeneration im Schutze anderer Götter. Da die Texte aus Amarna vordergründig von keiner konkreten Begebenheit in der Götterwelt erzählen, hat man die Amarna-Religion auch als »mythenfrei« bezeichnet. Jedoch sind es insbesondere die Hymnen selbst, die insofern mythische Elemente aufweisen, als sie von der Erschaffung der Welt durch den Sonnengott berichten, von seinen Leistungen als Erhalter und Bewahrer der Schöpfung, von seiner alltäglichen Gegenwart in Gestalt der Sonnenstrahlen sowie nicht zuletzt von seiner außergewöhnlichen Beziehung zum König. Gerade in dieser Hinsicht geht es den Hymnen weniger um eine rein deskriptive »Phänomenologie des Lichts« als vielmehr um die außerhalb einer empirisch erfahrbaren Wirklichkeit liegende Wesenheit des Sonnengottes. Diese erschließt sich aber nicht mehr wie in den traditionellen ägyptischen Mythen aus dem Agieren verschiedener Götter untereinander, sondern nur noch aus der Interaktion des Sonnengottes mit seiner Schöpfung sowie mit dem König und der Königin als seinen einzigen Konstellationspartnern. In dieser radikalen und absoluten Beschränkung auf Sonnengott,

Welt und Königspaar liegt zugleich das eigentlich Neue und Revolutionäre der Amarna-Theologie.

Weniger neu hingegen sind zahlreiche Themen und Motive der Hymnen selbst, die sich in ähnlicher oder sogar gleicher Form schon in früheren Zeiten finden. Dazu zählen die Grundthemen Sonnenaufgang und Schöpfung, aber auch Motive wie der Nil am Himmel oder das Küken im Ei. Selbst die Zuspitzung auf nur einen einzigen, universalen Schöpfergott, der den gesamten Kosmos durchdringt und belebt, ist keine Erfindung der Amarna-Zeit, sondern setzt schon früher in der ersten Hälfte der 18. Dynastie ein. Konzentrierte sich diese Zuspitzung zunächst noch auf den thebanischen Allgott Amun-Re, verlagerte sie sich im Laufe der Zeit immer mehr auf den heliopolitanischen Sonnengott Re-Harachte und dessen sichtbare Erscheinungsform als Himmelskörper am Firmament. Wesentlichen Anteil an dieser Entwicklung dürfte die zunehmende Betonung der solaren Aspekte des Königtums gehabt haben, die unter Echnatons Vater Amenophis III. einen ersten Höhepunkt erreichte. Solche »henotheistische« Tendenzen führten jedoch nie zur Leugnung der Existenz anderer Götter oder gar zum Angriff auf einen Gott, wie Letzteres unter Echnaton der Fall war.

Dessen späte Regierungsjahre liegen weitgehend im Dunkeln. Im Jahr 12 seiner Regierung hielt der König einen opulenten Empfang ausländischer Gesandter am Königshof ab, der nicht zuletzt auch eine innenpolitische Machtdemonstration darstellte. Zuvor war ein Feldzug gegen Aufständische in Nubien, den vermutlich der Vizekönig von Kusch namens Thutmosis geleitet hatte, erfolgreich verlaufen. Vielleicht ein oder zwei Jahre später ereilte die Königsfamilie der Tod ihrer zweitältesten Tochter Maketaton (›Die von Aton Beschützte‹), die in Anwesenheit der trauernden Eltern im noch unfertigen Königsgrab in Amarna beigesetzt wurde. Eventuell starb wenig später auch Nofretete, von der nach dem 13. Regierungsjahr ihres Gatten keine gesicherten Daten mehr vorliegen. Mit dem Tod des Königs im 17. Jahr seiner Regierung endete schließlich das »Experiment« von Amarna.

Bereits dessen unmittelbare Nachfolger machten sich daran, die wohl schwerwiegendste und folgenreichste Entscheidung des Königs rückgängig zu machen: den tätlichen Angriff auf den Gott Amun. Dessen Rehabilitation war spätestens unter Tutanchamun weitgehend abgeschlossen. Der durch seinen legendären Grabschatz weltberühmte König ist nach neueren Forschungen wahrscheinlich ein erst spät (zwischen dem 11. und 13. Regierungsjahr) geborener Sohn des Echnaton und der Nofretete. Er bestieg den Pharaonenthron im Alter von etwa neun Jahren noch unter seinem alten Geburtsnamen Tutanchaton (›Lebendes Abbild des Aton‹), den er jedoch schon früh – wohl unter dem Einfluss seiner Berater – in Tutanchamun (›Lebendes Abbild des Amun‹) änderte. Trotz seiner Bemühungen um eine Wiederherstellung der alten Ordnung wurde Tutanchamun ebenso wie sein Nachfolger Eje in den offiziellen Königslisten der 19. Dynastie (um 1292–1186 v. Chr.) übergangen, die unmittelbar auf Amenophis III. den letzten König der 18. Dynastie Haremhab folgen lassen. Echnaton selbst fiel zusammen mit seiner Gemahlin Nofretete einer massiven *damnatio memoriae* anheim – ihre Bildnisse wurden zerstört, ihre Namen ausgehackt, ihre Stadt Achet-Iten verlassen und dem Verfall preisgegeben. Fortan sprach man abfällig nur noch von dem »Verbrecher von Achet-Iten« oder schlicht dem »Frevler«. Der Frevel des Königs dürfte dabei weniger in seiner absoluten Hinwendung zum Sonnengott oder der eigenen Göttlichkeit bestanden haben als vielmehr in seinem Angriff auf den Gott Amun, ein unverzeihliches und abscheuliches Verbrechen sicher nicht nur in den Augen der Priester dieses Gottes.

Zwar waren die ramessidischen Herrscher versucht, jegliche Erinnerung an die kaum zwanzig Jahre währende Amarna-Zeit systematisch auszulöschen und zur vorherigen Ordnung zurückzukehren, doch blieb Echnatons »Revolution von oben« nicht ohne Folgen für den theologischen wie dogmatischen Diskurs ihrer Zeit. So konnte der Gott Amun, der zuvor unbestritten den ersten Platz unter den Göttern eingenommen hatte, seine einstmals dominierende Position nur bedingt wiedererlangen; fortan musste er seine Stellung mit den Göttern Ptah und Re-Harachte teilen, und sein Kultort Theben wurde nicht wieder Hauptstadt des Landes. Neben den drei Reichsgöttern hatten auch die zahlreichen anderen Götter ihre bisherige Bedeutung zurückerlangt, womit eine immer stärker werdende »persönliche Frömmigkeit« einherging, bei der sich die Gläubigen direkt an die von ihnen bevorzugte Gottheit ohne Umwege über offizielle Instanzen oder den König wandten. Das ägyptische Königtum erlebte dessen ungeachtet unter so bedeutenden Pharaonen wie Sethos I. oder Ramses II. eine glanzvolle Renaissance. Erst im Laufe der 20. Dynastie (um 1186–1069 v. Chr.) kam es zu einem schleichenden Machtverlust und in dessen Folge zum Niedergang des Neuen Reiches.

Es mutet wie Ironie der Geschichte an, dass gerade die Bemühungen der frühen Ramessiden, die Erinnerung an Echnaton und Nofretete möglichst vollständig zu beseitigen, im Nachhinein das genaue Gegenteil bewirkt haben. Zu tausenden hatte man die reliefierten Blöcke der Aton-Tempel in Karnak als Füllmaterial für mächtige Pylonbauten zu Ehren des Gottes Amun verwandt, wodurch sie in großer Zahl bis auf den heutigen Tag erhalten geblieben sind. Da die neue Residenzstadt Amarna verlassen wurde, konnte der Wüstensand die Grundmauern der Häuser und Gebäude unter sich begraben und somit konservieren, und die in den anstehenden Fels geschlagenen Gräber bewahrten in ihrem Innern aussagekräftige Bilder und Texte dieser Zeit, darunter auch die Sonnenhymnen des Königs.

Schon kurz nach deren Wiederentdeckung und Erstveröffentlichung hatte man eine erstaunliche Nähe des *Großen Sonnenhymnus* zum 104. Psalm der Bibel erkannt. Seither wurde viel über die Beziehung der beiden Texte zueinander oder sogar über eine mögliche Abhängigkeit spekuliert. Tatsächlich ist vor allem die Ähnlichkeit mit den Versen 20–30 des Psalms verblüffend; in nahezu identischer Reihenfolge finden sich im *Großen Sonnenhymnus* die Motive Nacht und Finsternis (Z. 44–45), Gefahr durch Löwen (Z. 53), Sonnenaufgang (Z. 59–63), Arbeit der Menschen (Z. 72), Vielfalt der Schöpfung (Z. 73–79, Z. 103), Weisheit Gottes (Z. 138), Meer und Meerestiere (Z. 82–83), Schiffe (Z. 80), Versorgung mit Lebensunterhalt (Z. 115–117), Tod bei Abwesenheit (Z. 181) und Leben bei Anwesenheit des Gottes (Z. 180). Hier eine rein zufällige Übereinstimmung zu postulieren, erscheint sehr unwahrscheinlich, zumal die Nennung von Schiffen mitten unter den Tieren im Psalm kaum mehr durch Zufall erklärt werden kann. Darüber hinaus bestehen weitere Gemeinsamkeiten wie zum Beispiel die oberen und unteren Wasser im Psalm, denen die beiden Nile am Himmel und auf der Erde entsprechen, die »Gründung« der Erde, das von den Bergen herabfließende Regenwasser, das Vorkommen von Vögeln und Wildtieren, das Wachstum der Pflanzen, das Herabblicken des Gottes vom Himmel auf die Erde, um nur einige zu nennen. Auch die äußere Form des hymnischen Lobpreises ist beiden Texten gemein.

Neben derartigen Übereinstimmungen existieren jedoch auch erhebliche Unterschiede. Während die Sonne bei Echnaton den Gott selbst verkörpert, ist sie im Psalm Objekt des Gottes und dient dem Tageszeitenwechsel. Der Sprecher des Psalms bleibt anonym, während im Hymnus der König als Sprecher prominent in Erscheinung tritt. Auch die Zweiteilung in Gotteslob und Königslob findet keine Entsprechung im Psalm, der allein den Schöpfergott preist. Spezifisch israelitisch ist auch das mythische Ungeheuer Leviathan. Grundsätzlich verschieden sind darüber hinaus die theologischen Implikationen; geht es dem Psalm um die Verherrlichung des israelitischen Gottes Jahwe als universalem Schöpfergott, der die Welt einmalig in der Urzeit geschaffen hat, geht es den *Sonnenhymnen* um die Verherrlichung des ägyptischen Sonnengottes, der die Welt durch seine Lichtstrahlen jeden Morgen neu konstituiert, sowie um die Rolle des Königs als dessen leiblicher Sohn.

Die Frage nach einer direkten genetischen Abhängigkeit des Psalms vom *Großen Sonnenhymnus* muss jedoch weniger aufgrund dieser Unterschiede als vielmehr wegen der großen zeitlichen Kluft von mehreren Jahrhunderten zwischen beiden Texten negativ beantwortet werden. Diese Kluft ist um so gravierender, als der *Große Sonnenhymnus* in der Nachamarnazeit in Ägypten selbst nicht weiter tradiert wurde. Dennoch lassen die frappierenden Übereinstimmungen der Verse 20–30 einen gemeinsamen Motivschatz erkennen, der den Schluss nahe legt, dass der Verfasser beziehungsweise Redaktor des Psalms auf älteres, nicht originär israelitisches Material zurückgegriffen hat. Wie genau der Motivtransfer dabei vonstatten ging, entzieht sich unserer Kenntnis; dass er stattgefunden haben muss, dürfte indes außer Zweifel stehen.

Beide Texte, der ägyptische *Sonnenhymnus* wie der israelitische Psalm, stehen in einer jahrtausendealten Tradition des hymnischen Lobpreises von Schöpfergott und Schöpfung, die ungebrochen bis zum berühmten *Sonnengesang* des Franz von Assisi (1181/82–1226) ausstrahlt und noch das romantische Gedicht *Kein Tierlein ist auf Erden …* von Clemens Brentano (1778–1842) inspiriert. Wenngleich keiner der Autoren je von einem Pharao Echnaton gehört und selbst der Verfasser des Psalms ihn kaum gekannt haben dürfte, so sind sie doch durch die Zeiten hindurch mit ihm verbunden in dem gemeinsamen Lob eines alleinigen Schöpfers.